스타트업을 위한 기술금융과 기술가치평가

국내 최초로 공개되는 기술금융과 사례 중심의 기술가치평가

기술기반창업과 지식재산권을 활용한 기술금융

기술가치평가에 필요한 재무제표분석 이론과 연습문제

기술성/권리성/시장성/사업성의 정성적분석 내용 및 평가항목

수익접근법(DCF)을 적용한 기술가치평가 전과정 설명

이 책의 머리말

본서는 스타트업의 기업가, 공공 및 민간기관의 기술가치평가 관련자, 이공계 대학원생 및 기술경영대학원생, 회계학과 재학생에게 지식재산권을 통한 기술금융과 기술가치평가에 대한 이해를 높이고자 집필하였습니다.

본서의 특징은 다음과 같습니다.

첫째, 최근 5년('17~21) 동안에 국내 전체창업에서 기술기반 창업이 차지하는 비중은 15.4%~17.2%로 집계됩니다. 국내 기업의 5년차 생존율은 2020년 기준 29.2%이고 창업 실패의 주요 원인으로 자금조달의 어려움이 제기됩니다. 기술금융은 스타트업과 중소기업의 혁신 및 기술사업화를 위한 중요한 자금조달 수단이고 2020년 6월 기준으로 중소기업 대출에서 차지하는 비중은 30% 수준으로 지속적 성장성이 전망됩니다. 본서는 기술기반창업과 지식재산권 현황, 기술기업의 핵심자산인 지식재산권, 지식재산권을 활용한 기술금융 등에 대해 개략적인 수준에서 이해할 수 있도록 하였습니다.

둘째, 본서는 기술가치평가 방법 중에서 수익접근법(DCF)에 한정하여 설명하였습니다. 수익접근법은 회계학의 핵심 이론을 차용하고 있어서 해당 이론에 대한 이해가 선행되어야 합니다. 본서의 '제4장 기술가치평가를 위한 재무제표 분석'에서 재무상태표와 손익계산서의 이해, 주요 재무비율 분석 및 시장가치 본질에서 필요한 이론과 연습문제를 다루고 있습니다.

셋째, 기술가치평가의 신뢰성 확보를 위해 가장 중요한 점은 대상기술의 정성적 평가를 통해 사업의 타당성을 확보한 후에 기술가치평가 모델에 핵심변수를 투입하여 가치를 산출하는 것입니다. 본서는 대상기술의 기술성·권리성·시장성·사업성의 평가요인 및 사례를 통해 체계적으로 정성적분석 과정을 설명하려고 노력하였습니다.

넷째, 실무에서 기술가치평가는 대상기술의 사업화를 전제로 대상기술제품으로 창출되는 미래현금흐름을 적정할인율로 환산한 현재가치에 기술기여도를 적용한 기술가치 입니다. 본서는 지식재산권(특허권)과 관련된 대상기술, 대상기술이 적용되는 제품, 대상기술제품의 사업화에 따른 현금흐름 등의 일련의 사업화 과정에 대해 가상의 특허와 가상기업을 대상으로 기술가치평가 사례를 통해 설명하고 있습니다.

본서가 독자들의 기술금융과 기술가치평가를 이해하는데 도움이 되고 각자의 상황에서 작게나마 활용되었으면 합니다. 끝으로 본서의 출간을 허락해준 ㈜샘앤북스 출판사의 이낙규 사장님, 연초라 빠듯한 일정에도 최선을 다해 편집과 디자인작업을 해주신 이정희 부장님 이하 직원분께 감사를 드립니다. 그리고 바쁘신 일정에도 꼼꼼히 감수해 주신 김용호 박사님과 백석대학교의 신성호 교수님께 고맙다는 말을 전하고 싶습니다.

2023년 새해를 맞으며

저자 표춘미·최정운

이 책의 차례

제 1 장

기술기반창업과 지식재산권현황

스타트업을 위한 기술금융과 기술가치평가

1.1 기술기반창업 현황

1.2 기술기업의 지식재산권 현황

1.1 기술기반창업 현황

기술기반 창업은 제조업과 지식기반 서비스업에 기반한 창업이다.[1] 정부는 기술기반 창업을 정책적으로 지원하고 있다. 중소벤처기업부의 창업 예산인 중소벤처기업창업 및 진흥기금은 2021년 기준 11조 4,929억 원이고 기술보증기금의 관련 예산은 3조 원 이상으로 파악된다.[2]

국내 창업기업은 2017~2021년 동안에 꾸준히 증가하고 있다. 국내의 전체창업과 기술기반창업 추이는 〈표 1-1〉과 같다. 전체창업 기업은 2017년 126만 개에서 연평균 3.1%로 성장하여 2021년에 142만 개로 증가하였고 기술기반창업은 2017년 19만 개에서 연평균 4.8%로 증가하여 2021년에 24만 개로 성장하였다.

최근 5년('17~21) 동안에 기술기반창업은 전체창업 기업 수와 비교하여 성장성이 더 높게 나타나고 있으며 전체창업에서 차지하는 비중은 15.4%~17.2%로 집계된다.

<표 1-1> 국내의 전체창업과 기술기반 창업 추이(2017~2021년)

(단위 : 개, %)

구분	2017년	2018년	2019년	2020년	2021년	CAGR (17/21)
전체창업	1,256,267	1,344,366	1,285,259	1,484,667	1,417,973	3.1%
기술기반창업	198,911	212,237	220,607	228,949	239,620	4.8%
비중	15.8%	15.8%	17.2%	15.4%	16.9%	

주 : 비중 = 기술기반창업/전체창업

자료 : 통계청, 업종별 창업기업수

1) 지식기반 서비스업은 정보통신업 · 전문과학기술서비스 · 사업지원 · 교육서비스 · 보건사회복지 · 창작예술여가서비스 등이 포함된다.

2) 더스쿠프(2021.11.19.), '2016~2020년 기술창업 분석해보니… "더 쏠렸고 더 줄었다"'

2021년 기술기반창업에서 제조업은 20%(4만 7,989개) 서비스업은 80%(19만 1,631)를 차지하고 있어서 제조업보다는 서비스업 중심으로 기술기반창업이 이루어지고 있는 것으로 보인다.

국내 기술기반창업에서 제조업종별 기업 분포는 기계·금속이 26.9%로 가장 높으며 다음으로 음식료품 및 음료 15.5%, 전기·전자 및 정밀기기 14.1%, 섬유 및 가죽 13.1%, 고무 및 화학제품 9.7% 순으로 나타났다. 국내 기술기반창업의 제조업종별 현황은 〈표 1-2〉와 같다.

<표 1-2> 국내 기술기반창업의 제조업종별 현황(2021년)

(단위 : 개, %)

구분	기계, 금속	음식료품 및 음료	전기·전자 및 정밀기기	섬유 및 가죽	고무 및 화학제품	기타[3]	합계
기업수	7,427	6,275	3,220	988	4,678	25,401	47,989
비중	26.9%	15.5%	14.1%	13.1%	9.7%	20.7%	100.0%

주 : 비중 = 기술군별 제조업 창업기업/전체

자료 : 통계청, 업종별 창업기업수

기술별 산업군유형은 고위기술산업군, 중고위기술산업군, 중저위기술산업군 및 저위기술산업군으로 분류된다.

<표 1-3> 기술별 산업군유형

구분	세부산업
고위기술산업군	의약, 반도체, 디스플레이, 컴퓨터, 통신기기, 가전 정밀기기, 전지, 항공
중고위기술산업군	석유화학, 정밀화학, 기타전자부품, 전기기기, 일반목적기계, 특수목적기계, 자동차, 철도, 기타 수송장비
중저위기술산업군	석유정제, 고무, 플라스틱, 유리, 세라믹, 시멘트, 기타 비금속광물, 철강, 비철금속, 주조, 조립금속, 조선
저위기술산업군	음식료, 담배, 섬유, 의류, 가죽/신발, 목재, 제지, 인쇄, 가구, 기타제조업

자료 : 한국산업연구원, 특허청(2021.12), '2021 통계로 보는 특허 동향'

3) 기타는 목재, 가구 및 종이제품, 기타제조업, 자동차 및 운송장비, 인쇄 및 기록매체 복제업이 포함됨

국내 기술기반창업에서 제조업종은 고위기술산업군(전기/전자 및 정밀기기 등)보다는 중고위기술산업군(전기기기, 일반/특수목적 기계 등)과 저위기술산업군(음식료, 섬유, 의류, 가죽 등)에 집중되어 설립되고 있다. 국내 기술기반창업의 제조업종별 비중은 〈그림 1-1〉과 같다.

<그림 1-1> 기술기반창업의 제조업종별 비중(2021년)

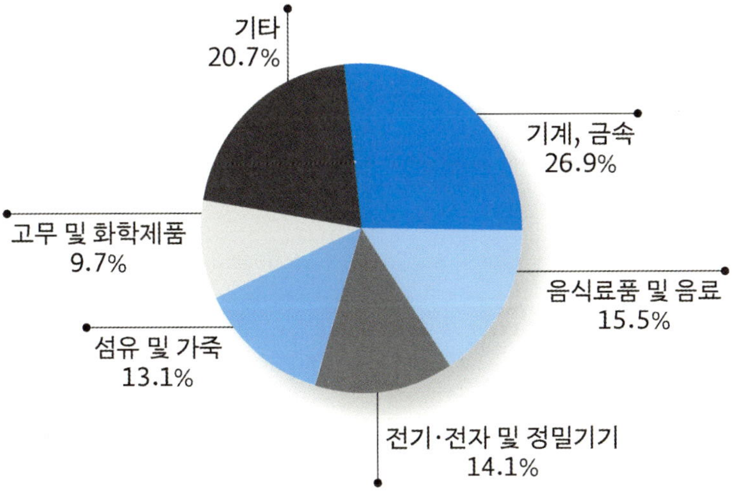

자료 : 통계청, 업종별 창업기업수

한편, 국내 제조업에서 고위기술산업군의 비중은 2019년에 25.56%에서 2020년에 26.48%에서 2021년에 27.52%로 증가하였다. 이는 코로나19의 영향으로 자가검사 진단키트 등의 의료기기의 국내외 수요가 증가하였기 때문으로 파악된다.

<표 1-4> 국내 고위기술산업군 비중 추이(2019~2021)

(단위 : %)

구분	2019년	2020년	2021년	평균
고위기술산업군	25.56%	26.48%	27.52%	26.52%
중고위기술산업군	41.81%	42.51%	39.54%	41.29%
중저위기술산업군	18.92%	17.15%	20.46%	18.84%
저위기술산업군	13.7%	13.86%	12.48%	13.35%

자료 : 산업연구원, '산업구조-제조업 내 기술수준 기준'

세계에서 1인당 스타트업의 기업이 가장 많은 나라는 이스라엘이다. 이스라엘의 미국 나스닥 상장기업은 98개로 미국·중국에 이어 세계 3위를 차지하고 있으며 2020년 1인당 국내총생산(GDP)은 4만 3,610달러이다. 이스라엘 성장의 주요 원인은 혁신기술에 기반한 스타트업 창업이다.[4)]

이스라엘에서 최근 10년('10~20) 동안 전체산업의 실질부가가치는 60% 증가하였다. 이스라엘의 제조업은 2020년 기준으로 의약품, 전자부품 등의 고위기술산업군이 차지하는 비중이 36%, 저위기술산업 22%, 중고위기술산업 19%, 중저위기술산업 17% 순으로 나타났다. 특히, 제조업에서 생산 비중이 가장 높은 업종은 고위기술산업군에 속하는 의약품(12%), 영상기기 및 의료기기(11%)이고 제조업 생산의 23%를 차지하고 있다.[5)]

국내와 이스라엘의 산업구조 비교는 〈표 1-5〉와 같다. 2020년 기준으로 국내 제조업에서 고위기술산업군이 차지하는 비중은 26.48%이고 이스라엘은 36%로 나타나고 있다. 국내는 고위기술산업군에서 이스라엘과 비교하여 9.52%p가 작은 것으로 나타났다.

국내 기술기반창업은 고위기술산업군 보다는 중고위기술산업군과 저위기술산업군에 집중되고 있어서 국내 산업의 부가가치를 높이기 위해서는 의료용품·의료기기, 정밀기기 등의 고위기술산업군 창업이 활성되어야 할 것이다.

<표 1-5> 국내와 이스라엘의 산업구조 비교(2020년)

(단위 : %)

구분	국내	이스라엘	차이
고위기술산업군	26.48%	36%	-9.52%
중고위기술산업군	42.51%	19%	23.51%
중저위기술산업군	17.15%	17%	0.15%
저위기술산업군	13.86%	22%	-8.14%

자료 : 산업연구원, '산업구조-제조업 내 기술수준 기준 : KOTRA(2021.09.03.), 2021년 이스라엘 산업개관'

4) 주간경향(2021.04.19.), '[전규열의 세계는 창업 중](2) '중동의 실리콘밸리' 이스라엘의 원동력은?'
5) KOTRA(2021.09.03.), '2021년 이스라엘 산업개관'

1.2 기술기업의 지식재산권 현황

국내 지식재산권의 출원·등록 건수는 2017~2021년 동안에 꾸준히 증가하고 있다. 국내 지식재산권 출원·등록 건수는 〈표 1-6〉와 같다. 출원건수는 2017년에 약 46만건에서 2021년에 59만 건으로 2017~2021년 동안에 연평균 6.7%로 성장하였다. 등록건수는 2017년에 29만 건에서 2021년에 34만 건으로 2017~2021년 동안에 연평균 4.2%로 성장하였다. 2021년 기준으로 국내지식재산권의 등록건수에서 특허가 차지하는 비중은 42.7%로 가장 높게 나타났다.

<표 1-6> 국내 지식재산권 출원·등록 건수(2017~2021)

(단위 : 건수, %)

구분		2017년	2018년	2019년	2020년	2021년	CAGR (17/21)	비중 (2021년)
출원	계	457,955	480,245	510,968	557,256	592,615	6.7%	100.0%
	특허	204,775	209,992	218,975	226,759	237,998	3.8%	40.2%
	실용신안	6,809	6,232	5,447	4,981	4,009	-12.4%	0.7%
	디자인	63,453	63,680	65,039	67,583	64,787	0.5%	10.9%
	상표	182,918	200,341	221,507	257,933	285,821	11.8%	48.2%
등록	계	289,656	286,657	306,522	303,669	341,873	4.2%	100.0%
	특허	120,662	119,012	125,661	134,766	145,882	4.9%	42.7%
	실용신안	2,993	2,715	2,417	2,056	1,817	-11.7%	0.5%
	디자인	49,293	49,905	52,850	50,694	57,545	3.9%	16.8%
	상표	116,708	115,025	125,594	116,153	136,629	4.0%	40.0%

자료 : 통계청, 특허청 「지식재산통계연보」

최근 코로나19의 영향으로 세계 경제가 어려운 상황에서 국내의 특허출원은 대기업보다 중소기업이 주도하고 있다. 국내 출원인별 특허출원 건수는 〈표 1-7〉과 같다. 2016~2020년 동안에 중소기업의 특허출원은 연평균성장률 5.9%로 증가하였고 대기업은 0.4%, 대학·공공연은 -0.2% 감소한 것으로 나타났다. 특히, 중소기업의 2020년 특허출원 건수는 2019년과 비교하여 13.1% 증가하였다.

<표 1-7> 국내 출원인별 특허출원 건수(2016~2020년)

구분	2016년	2017년	2018년	2019년	2020년	CAGR (16/20)	비중 (2020년)
대기업	37,507	33,502	34,241	37,961	38,182	0.4%	16.8%
중소기업	45,151	44,628	46,507	50,254	56,844	5.9%	25.1%
대학/공공연	28,324	27,310	27,216	26,962	28,047	-0.2%	12.4%
개인	39,641	40,272	41,103	43,160	43,672	2.5%	19.3%
기타	57,701	59,063	60,925	60,638	60,014	1.0%	26.5%
합계	208,324	204,775	209,992	218,975	226,759	2.1%	100.0%

자료 : 특허뉴스(2021.11.01.), '[이슈] 국내 특허출원 분석결과 "양(量)과 질(質) 모두 향상"', 저자 재구성

2020년 표준산업 중분류기준의 특허출원 현황은 〈그림 1-2〉와 같다. 대기업은 전자부품(C26), 화학물질 및 화학제품(C20), 자동차 트레일러(C30) 분야에서 특허출원 비중이 높고 중소기업은 고위기술산업군에 속하는 기타기계장비 제조업(C29), 출판업(J58)[6], 전기장비(C28), 의료·정밀·과학기기(C27)에서 비중이 높게 나타났다.

6) 출판업(J58) 하위업종에 소프트웨어 개발 및 공급업(J582)이 포함되어 고위기술산업군으로 분류하고 있음

<그림 1-2> 표준산업 중분류기준 특허출원 현황(2020년)

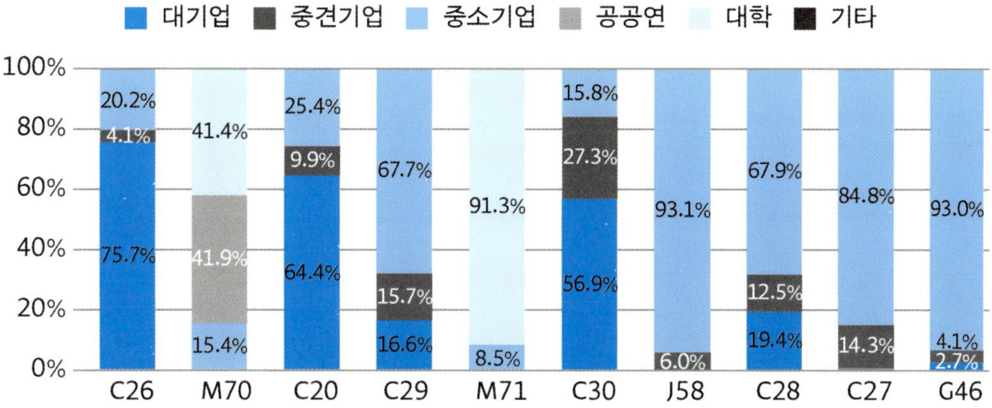

출처 : 특허청(2021.12), '2021 통계로 보는 특허동향'

최근에 중소기업의 특허출원이 대기업과 비교하여 고위기술군 중심으로 증가하고 있는 원인을 살펴보면 중소기업은 기술기반 창업의 증가로 특허권을 통한 기술의 안정적 확보를 위해 특허출원이 증가하였고 특허를 활용해 자금을 조달하는 지식재산 경영 활동이 활발해지고 있으며 코로나19 상황과 디지털전환 등의 외부 시장환경 변화에 신속하게 대응하기 위해 의료기기 · 의약품 · 정밀기기(C27), 출판업(J58) 등의 고위기술군에 특허출원을 증가시키고 있기 때문이다.[7)]

7) 특허뉴스(2021.11.01.), '[이슈] 국내 특허출원 분석결과 "양(量)과 질(質) 모두 향상"'

제 2 장

지식재산권을 활용한 기술금융

스타트업을 위한 기술금융과 기술가치평가

2.1 기술기업의 핵심자산, 지식재산권

2.2 지식재산권을 활용한 기술금융

2.3 기술기업의 성장단계별 자금조달

2.1 기술기업의 핵심자산, 지식재산권

재산권은 과거에는 대부분 유형자산인 동산이나 부동산에 대한 물권(소유권 등) 또는 채권 등이었다. 현대사회는 인간의 지적 활동으로 창출되는 지식재산(Intellectual Property, IP)이 동산·부동산보다 중요해지고 있다.

WIPO에 의하면 지식재산권은 발명과 같은 정신의 창조물로써 문학 및 예술작품, 디자인, 상거래에 사용되는 기호·이름·이미지 등이다.[8)9)] 지식재산권은 연구개발을 통해 확보한 특허권과 실용신안권 등의 무형자산으로써 문학·예술, 과학작품, 연출, 예술가의 공연·음반 및 방송, 발명, 과학적 발견, 공업의장·등록상표·상호 등에 대한 보호권리와 공업·과학·문학 또는 예술 분야의 지식활동에서 발생하는 기타 모든 권리를 포함한다.[10)]

지식재산권은 4차 산업혁명 시대에 중요한 경쟁력이다. 우리나라는 지식재산의 창출보호 및 활용을 촉진하기 위하여 지식재산기본법을 제정하였으며 동법 제3조에서 지식재산과 지식재산권을 〈표 2-1〉과 같이 정의한다. 지식재산권은 법령 또는 조약 등에 따라 인정되거나 보호되는 지식재산에 대한 권리이다.

8) WIPO홈페이지, https://www.wipo.int/about-ip/en/
9) WIPO(세계지식재산권기구, World Intellectual Property Organization)는 세계 지식 재산권 기구(또는 세계 지적 재산권 기구)로 유엔의 특별기구 16개 중 하나이고 1967년 설립되었으며 지식재산권을 세계적으로 보장하자는 취지에서 출범하였다(출처 : 위키백과).
10) 김상훈 외(2014), '미래산업 창출을 위한 지식재산 생태계 활성화 방안', 연구보고서 2014-706.

<표 2-1> 지식재산과 지식재산권 정의

구분	내용
지식재산	지식재산이란 인간의 창조적 활동 또는 경험 등에 의하여 창출되거나 발견된 지식 · 정보 · 기술, 사상이나 감정의 표현, 영업이나 물건의 표시, 생물의 품종이나 유전자원(遺傳資源), 그 밖에 무형적인 것으로서 재산적 가치가 실현될 수 있는 것을 말한다.
지식재산권	지식재산권이란 법령 또는 조약 등에 따라 인정되거나 보호되는 지식재산에 관한 권리를 말한다.

자료 : 산업통상자원부(2021.02), '2020 기술평가 실무가이드'

국내의 지식재산권은 출원 및 심사가 요구되는 특허 등의 산업재산권, 심사절차가 필요 없는 저작권, 그리고 신지식재산권으로 구분된다. 신지식재산권은 출원과 심사절차 등이 요구되지 않으며 특허법적 보호, 저작권법 보호 확장 및 부정경쟁방지법과 특별법 제정 등으로 보호되는 권리이다. 국내 지식재산권 분류 체계는 〈표 2-2〉와 같다.

<표 2-2> 국내 지식재산권 분류 체계

구분	지식재산권	내용
산업재산권	특허	· 기술적 사상의 창작인 원천/핵심기술(발명)보호 · 물건/물질의 발명과 방법발명 포함
	실용신안	· 제품의 수명이 짧고 실용적인 주변, 개량기술 · 물품의 형상, 구조, 산업재산권의 조합인 고안 등
	디자인	· 심미감을 느낄 수 있는 물품 외관의 형상 · 모양 · 색채의 창작 보호
	상표	· 자사 상품을 식별할 수 있는 기호 · 문자 · 도형 · 입체형상 · 동작 · 홀로그램과 소리·냄새 등의 상품 식별표시, 영업권 등
저작권	협의의 저작권	· 문화, 예술분야의 사상과 감정의 창작적 표현인 저작물 보호(저작재산권 + 저작인격권) · 복제권, 배포권, 전시권, 공중송신권 등 다수의 지분적 권리로 구성
	저작인접권	· 실연자, 음반제작자, 방송사업자의 권리

신지식 재산권	특허법적 보호	· 반도체집적회로배치설계, 생명공학, 식물신품종보호
	저작권법 보호 확장	· 컴퓨터프로그램, 데이터베이스, 응용미술품 보호
	부정경쟁방지법과 특별법 제정	· 영업비밀, 도메인이름, 온라인디지털콘텐츠 등

자료 : 문화체육부 · 인하대학교(2012). 김상훈 외(2014), '미래산업 창출을 위한 지식재산 생태계 활성화 방안', 연구보고서 2014-706. 재인용

경제학적 관점에서 무형자산은 전산화된 정보, 지식재산, 경제적 역량으로 구분하고 있다. 전산화된 정보는 컴퓨터 소프트웨어와 전산시스템 등이 있다. 지식재산은 R&D, 창작, 디자인 등의 활동의 결과물인 특허, 라이센스, 저작권 등이 있다. 경제적 역량은 기업의 생산성을 높이기 위한 조직자본에 대한 투자이다. 무형자산의 유형과 회계처리는 〈표 2-3〉과 같다. 회계적으로 전산화된 자산을 제외하고 대부분의 무형자산은 경상비용으로 처리한다. 기업 내부에서 R&D를 통해 창출된 특허와 라이센스 등은 자산으로 인정받기 위해서는 6가지 인식요건을 충족해야 한다.[11)]

<표 2-3> 무형자산 유형과 회계처리 특징

유형	종류	결과물	회계처리
전산화된 자산	소프트웨어	전산시스템	자산화 처리
	데이터베이스		
지식재산 (Intellectual property)	R&D	특허 또는 라이센스	경상비용 처리 (IFRS, K-IFRS 일부자산 인정)
	창작물	저작권 또는 라이센스	
	디자인		
경제적 역량 (Economic competencies)	브랜드 가치	고객자산, 상표	경상비용 처리
	인적자본	교육훈련, 재능	
	조직자본	내부 프로세스, 지식 · 노하우	

출처 : Corrado et al.(2009) : 표춘미(2020), '블록체인 기반 토큰(IEO)의 자산화 사례연구', 경영교육연구

11) 6가지 인식요건은 다음과 같다. ① 무형자산을 완성할 수 있는 기술적 실현가능성, ② 무형자산을 완성하여 사용하거나 판매하려는 기업의 의도, ③ 무형자산을 사용하거나 판매할 수 있는 기업의 능력, ④ 무형자산이 미래경제적효익을 창출하는 방법, ⑤ 개발 완료 후 판매 · 사용에 필요한 기술적 · 재정적 자원 등의 입수가능성, ⑥ 개발과정상 관련 지출을 신뢰성 있게 측정할 수 있는 기업의 능력(출처 : 금융위원회 · 금융감독원(2018.09.19.), '제약 · 바이오 기업의 연구개발비 회계처리 관련감독지침', 보도자료)

2.2 지식재산권을 활용한 기술금융

기술금융은 아이디어와 기술의 개발, 사업화 등 기술혁신 전 과정에 필요한 자금을 지원하는 제도로서 스타트업과 중소기업의 혁신 및 기술사업화를 위한 자금조달 수단으로 중요한 역할을 하고 있다. 정부는 창업기업이 데스밸리(Death Valley)[12]와 다윈의 바다(Darwinian Sea)[13]를 극복할 수 있도록 기술금융 정책을 추진하고 있다. 우리나라는 2000년도 초반에 기술의 이전 및 사업화를 위해 기술평가제도를 도입하였으며 국내의 기술금융은 세계적으로 성공한 사례로 평가된다.[14]

---

12) 스타트업은 초기에 자금 조달이나 시장 진입에서 어려움을 겪게 되는데 업계에서는 이를 '데스밸리(Death Valley)에 빠졌다'고 표현한다. 데스밸리는 사업 초기부터 안정적인 비즈니스 모델을 구축해 성공적으로 자리 잡기 이전까지의 기간을 말하며 스타트업은 1~3년 차에 1차 '데스밸리'겪고 있다. 1차 '데스밸리'를 잘 넘겼다고 해도 끝이 아니다. 2차 '데스밸리'가 기다리고 있다. 스타트업은 3~7년 차에 사업화 과정에서 자금 조달, 시장 진입 등의 어려움으로 2차 '데스밸리'를 만난다. 통계적으로 60% 이상의 기업이 '데스밸리'에서 살아남지 못한다(출처 : STARTUP TODAY(2020.06.18.), '[강성진의 창업가이드] '데스밸리'에 빠진 스타트업 VS 빠져나온 스타트업').

13) 다윈의 바다(Darwinian Sea)는 악어 · 해파리 떼가 가득해 일반인 접근이 어려운 호주 북부 해변으로 신제품 양산에 성공하더라도 시장에서 다른 제품과 경쟁하며 이익을 내기가 매우 어려운 상황을 의미한다(출처 : 중앙SUNDAY(2013.11.09.), '죽음의 계곡과 다윈의 바다 넘을 토대 만들어야').

14) 김상훈 · 김계환(2020.12.10.), '혁신성장을 위한 기술금융의 역할 – 선진사례와 시사점', 산업연구원 정책자료 2020–16.

<그림 2-1> 데스밸리와 다윈의 바다

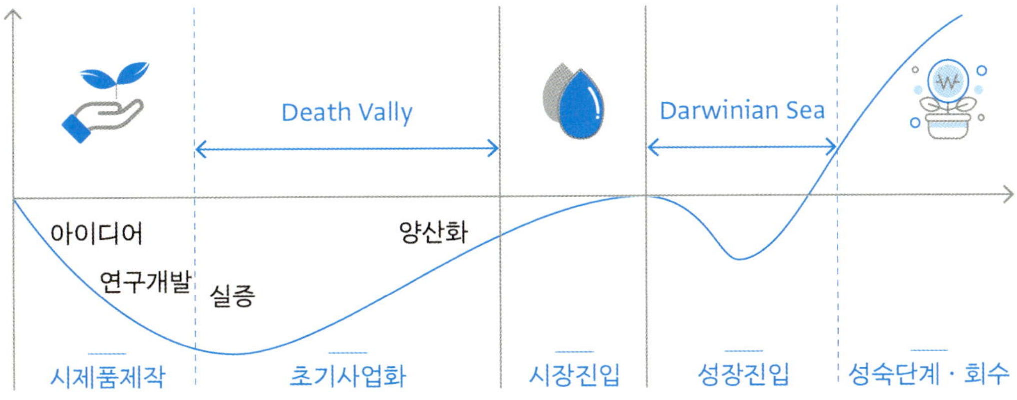

출처 : 대구스케일업허브 홈페이지,
https://startup.daegu.go.kr/index.do?menu_id=00003212&servletPath=%2Findex.do

기술금융은 기술평가를 통해 기업의 미래가치를 판단하고 기술평가를 기반으로 자금조달이 이루어진다. 기존의 금융은 신용평가를 통해 재무제표에 근거하여 과거의 재무능력만으로 채무 상환능력을 판단하였다. 반면, 기술금융은 기업의 신용과 기술을 종합적으로 평가하여 기업의 채무상환능력을 평가한다. 기술금융은 기술기업의 창업 및 사업화를 위해 필요한 자금을 기업에 제공하고 있어서 기업금융으로 분류된다. 기술금융은 금융 제공방식 및 행위 주체에 따라 기술융자, 기술보증, 기술투자 그리고 기술신탁으로 구분한다.

<표 2-4> 기술금융의 유형

구분	분류	기능
기술융자	은행	· 기술평가(인증서)대출
	정부	· 개발기술사업화자금
기술보증	기술보증기금	· 기술평가보증
기술투자	벤처캐피털	· Equity Financing
기술신탁	기술신탁관리기관	· 기술유동화증권, 자금조달형기술신탁

자료 : 금융위(2013), '창조경제실현을 위한 지식재산금융 활성화 방안' : 김상훈 · 김계환(2020.12.10.), '혁신성장을 위한 기술금융의 역할 – 선진사례와 시사점', 산업연구원 정책자료 2020-16.

국내의 기술금융은 기술보증기금의 기술보증 대출이 대부분을 차지하고 있다. 기술보증기금은 보증서 발급을 위해 신청기업의 신용등급과 기술평가를 실시한다. 기술보증기금으로부터 보증서를 받은 기업은 시중은행과 연구개발 정책자금 취급 기관 등에서 대출을 받을 수 있으며 보증 재원은 정부 재정에 의존한다.[15]

기술보증기금은 기술중소기업의 위기 극복과 혁신성장을 위해 2021년에 신규보증 및 보증 만기연장 등을 통해 총 25.5조 원의 자금을 공급하였으며 기술보증이 차지하는 비중은 99.6%로 나타나고 있다.[16]

<표 2-5> 기술보증기금의 보증지원 및 보증잔액(2019~2021년)

(단위 : 조 원)

구분	보증지원			보증잔액		
	2019년	2020년	2021년	2019년	2020년	2021년
총보증	22.0	25.4	25.5	22.1	25.7	26.5
기술보증	21.8	25.3	25.4	21.8	25.4	26.3
유동화회사보증	0.2	0.1	0.1	0.3	0.3	0.2

출처 : 기술보증기금(2022.07.12.), '기술보증기금 연차보고서'

15) 정부정책에 의해 보증 상품의 종류가 변경되므로 기술보증기금 홈페이지(www.kibo.or.kr)를 통하여 수시로 확인해야 한다(출처 : 김영준 등(2021), '기술경영학개론', 탐진).

16) 기술보증기금(2022.07.12.). '기술보증기금 연차보고서'

정부는 2014년 1월 관계부처 합동으로 「기술금융 활성화를 위한 기술평가시스템 구축방안」을 발표하고 기술금융 체계를 구축하였다. 국내 기술금융 체계는 〈그림 2−2〉과 같다. 기술기업이 금융기관에 자금을 요청하면 금융기관은 기술신용평가기관에 기술신용평가를 의뢰하고, 기술신용평가기관의 기술신용평가 결과에 근거하여 기술기업에 자금을 지원하고 있다.

<그림 2−2> 국내 기술신용평가 체계

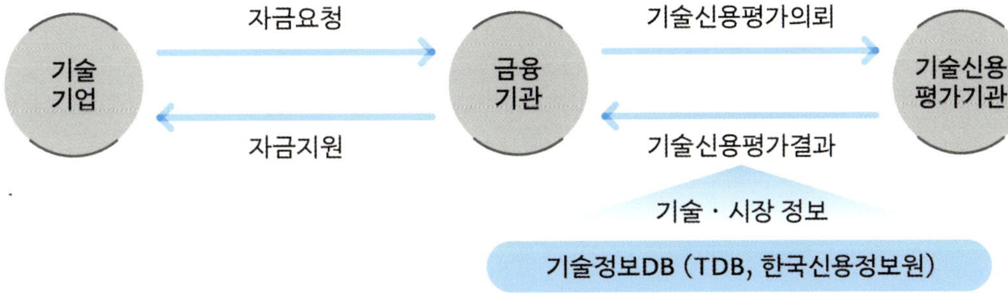

자료 : 이철흠(2018), '기술신용평가모형의 현황 및 발전 방향', CIS 이슈리포트 2018−10호

국내의 기술신용평가를 통한 기술금융 규모 및 추이는 〈표 2−6〉과 같다. 국내 기술신용평가를 통한 기술금융 규모는 2014년 7월부터 2020년 6월 기간에 기술신용평가 건수(누적)는 94만 건이고 평가기업은 27만 개, 2020년 6월 기준으로 기술신용대출 잔액은 235.6조 원이다.

한국은행의 기업자금조달현황에 따르면 은행대출금에서 중소기업의 잔액은 770.2조 원으로 나타났다.[17] 중소기업 대출에서 기술금융이 차지하는 점유율은 2020년 6월 기준으로 30% 수준으로 파악된다.

17) 한국은행, 「금융시장 동향」−기업자금조달현황

<표 2-6> 국내의 기술금융 규모 및 추이(2014.07~2020.06)

구분	2014.7~ 2014.12	2015	2016	2017	2018	2019	~2020.6
기술신용대출잔액(조원)	8.9	60.6	92.9	127.7	163.8	205.5	235.6
누적 평가건수(건)	13,367	78,293	194,627	344,278	541,958	787,871	944,170
누적 평가기업(개)	-	47,206	83,151	116,732	161,187	219,167	269,738

출처 : 한국신용정보원. 김상훈 · 김계환(2020.12.10.), '혁신성장을 위한 기술금융의 역할 – 선진사례와 시사점', 산업연구원 정책자료 2020-16.

국내의 기술금융 중 하나인 IP(지식재산권)금융은 특허권 등 지식재산권의 가치평가를 통해 신청기업에게 담보대출 · 보증대출 · 투자의 형태로 자금을 제공한다. 국내 IP금융의 대상이 되는 지식재산권은 대부분 특허권이고 최근에는 일부 데이터에 대해 데이터가치평가를 통해 자금조달이 이루어지고 있다.

2020년 기준으로 국내 IP담보대출을 받은 기업은 1,608개이고 해당 기업의 신용등급은 BB 이하로 신용대출이 어려운 기업이 전체에서 74.4%를 차지하였다. 신용등급이 낮아서 금융기관으로부터 신용대출 등의 자금조달에 어려움을 겪고 있는 중소 · 벤처기업이 IP 담보대출을 통해 특허기술의 상용화를 추진할 수 있었던 것으로 보인다.[18]

국내 IP금융 유형별 규모는 〈표 2-7〉과 같다. 2018년부터 2021년까지 누적 IP금융 잔액은 6조 90억 원이고 2021년에 신규 공급자금은 2조 5,041억 원이다. 2021년에 IP금융의 신규 공급자금은 2020년과 비교하여 21.3% 증가하였다.

18) 경향비즈(2021.02.04.), '이제 '특허'를 담보로 돈 빌려 사업하는 시대...'IP금융' 2조원 돌파'

<표 2-7> 국내 IP금융 유형별 규모(2018~2021년)

(단위 : 억 원, %)

구분	2018년	2019년	2020년	2021년	증감률 (20/21)	비중 (2021년)
IP담보대출	884	4,331	10,930	10,508	-3.9%	42.0%
잔액기준			13,784	19,315		
IP보증액	4,872	7,240	7,089	8,445	19.1%	33.7%
잔액기준			27,327	32,147		
IP투자	1,876	1,933	2,621	6,088	132.3%	24.3%
잔액기준			7,278	8,628		
합계	7,632	13,504	20,640	25,041	21.3%	100.0%
잔액기준			48,389	60,090		

자료 : 특허청. 전자신문(2022.02.22.), '지식재산 금융 6조원 돌파'

국내 IP금융 유형별 동향을 자세히 살펴보면, IP담보대출은 2021년에 전년 대비 −3.9% 감소하였으나 전체 IP금융에서 차지하는 비중은 42%로 가장 높게 나타났다. IP보증은 2021년에 신규공급액이 8,445억 원으로 전년 대비 19.1% 증가하였다.[19] IP보증은 일반보증과 IP 담보대출을 이용하기 어려운 창업 초기기업이 많이 활용하고 있다.

IP투자는 2021년 신규 투자액은 6,088억 원으로 전년대비 132.3% 증가하여 가장 큰 폭의 성장성을 보이고 있다.[20] IP투자는 2021년에 모태펀드 출자를 통한 IP 투자펀드 조성을 확대하였으며 벤처캐피털 등과 협력하여 우수한 특허를 보유한 기업에 대한 투자를 활성화하였다. IP투자에서 BIG3(미래차, 반도체, 바이오 등)분야 특허를 보유한 기업에 대한 투자규모는 3,358억 원으로 전체 IP투자금액의 55.2%를 차지하고 있다.[21]

19) IP보증은 신청기업의 특허권 등의 기술가치평가를 기반으로 신용보증기금, 기술보증기금, 서울신용보증재단에서 보증서를 발급해 준다.

20) IP투자는 관련기관이 우수한 IP를 보유한 기업 또는 IP에 직접 투자하는 직접금융이다.

21) 전자신문(2022.02.22.), '지식재산 금융 6조원 돌파'

미국과 영국 등은 IP금융이 활성화되어 민간 주도의 IP금융이 다양하게 운영되고 있다. 미국은 NPE(Non Practicing Entity)를 설립하여 IP펀드가 주도하는 M&A 등의 투자금융 모델이 발달하였다.[22] 국내의 IP금융은 정부의 활성화 정책에 힘입어 확대되고 있으나 IP 담보대출 등의 간접금융이 2021년 기준으로 42%를 차지하고 있어서 여전히 높은 비중으로 나타나고 있다. 직접금융의 형태인 IP투자는 2021년에 6,088억 원으로 전년대비 132.3% 증가하였고 향후 지속적으로 성장할 것으로 예상된다.[23]

22) 자본시장연구원(2021.02.22.), '지식재산(IP)증가 추세에 따른 국내 IP금융현황 및 과제', 자본시장포커스 2021-04호.

23) 기업은 금융기관이 관여하는 간접금융(예 : 대출)보다는 직접적으로 투자받을 수 있는 직접금융(예 : 지분투자)을 선호한다. 상세내용은 '4.2.1 재무상태표의 이해' 참조.

2.3 기술기업의 성장단계별 자금조달

중소벤처기업연구원에 따르면 우리나라 기업의 5년차 생존율은 2020년 기준으로 29.2%이고 경제협력개발기구(OECD)는 58.3%이다. 국내 창업기업의 생존율은 경제개발협력기구 국가와 비교하여 낮은 수준이다.[24] 국내 창업 실패의 주요 원인으로 자금조달의 어려움이 지적된다.

기업의 자금조달 수단은 업종이나 성장단계에 따라 다양하다. 일반적인 기업의 성장단계별 자금조달 수단은 〈그림 2-3〉과 같다. 기업의 성장단계별 자금조달 방법은 창업초기단계에서 창업자의 자기자본이 부족할 경우 정책금융(중소기업진흥공단, 신용보증기금, 기술보증기금 등), 크라우드 펀딩, 엔젤투자 등으로 자본을 조달한다. 성장단계에서는 창업투자조합, 벤처투자조합, 신기술사업투자조합 등의 벤처캐피털, 코넥스시장 IPO, 민간 금융기관의 대출, 보증 등으로 자금을 조달한다. 성숙단계에서는 민간 금융기관의 대출, IPO(코스닥시장 또는 유가증권시장), 회사채(CB, BW포함), 기업어음, M&A 등으로 다양하게 자금을 조달하고 있다.[25]

24) 더스쿠프(2022.10.11.), '그 어렵다는 창업전선에 선 작은 거인들'
25) 뉴스티앤티(2018.07.24.), '[구재천의 창업과 법] 기업의 자금조달 수단 개요'

<그림 2-3> 국내 기업의 성장단계별 자금조달 수단

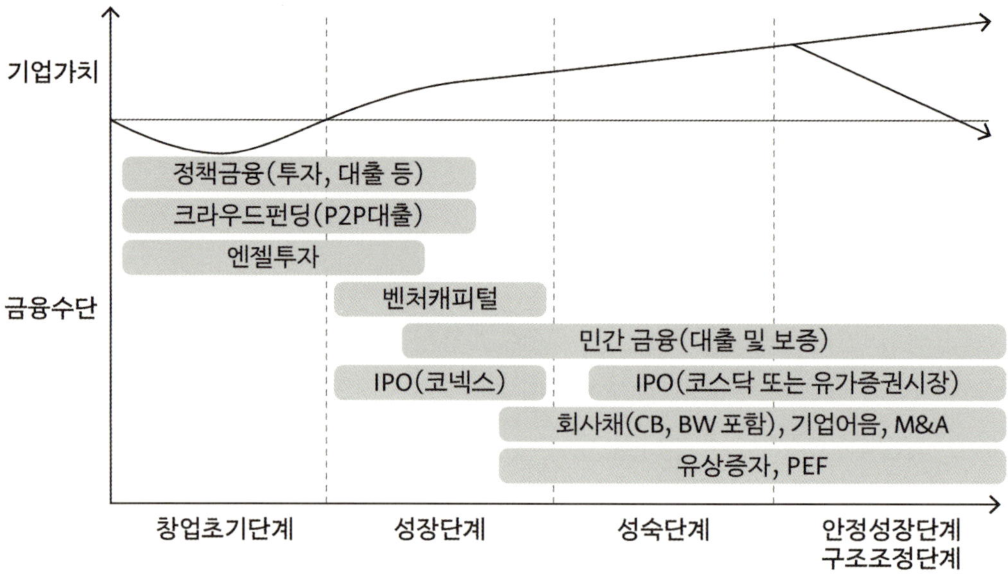

출처 : 뉴스티앤티(2018.07.24.), '[구재천의 창업과 법] 기업의 자금조달 수단 개요'

국내 기술기업의 기술개발 단계별 자금조달 원천은 〈표 2-8〉과 같다. 기술개발의 초기(연구단계)는 대부분 공적자금인 정부출연으로 자금을 조달하고 있다. 중반기(상품개발단계)는 정부출연과 벤처캐피털 등을 통해 자금을 조달하고 있다.[26] 후반기(시장개척단계)는 공적자금인 중소벤처기업부 기술신용대출과 민간자금인 벤처캐피털 등에서 자금을 조달하고 있다.[27] 기술신용대출은 기술개발이 완료되고 제품(서비스)이 시장에 출시된 이후인 시장개척단계부터 지원된다.

26) 출연자금은 정부에서 개발비의 일정액을 부담하고 향후 사업이 전개될 때 기술료를 징수하는 방식으로 가장 부담이 작은 자금조달 수단이다(출처 : 말산업저널(2020.07.04.), '[하승범의 창업칼럼] 정부지원자금 종류를 제대로 이해하고 효과적으로 활용하기').

27) 김상훈 · 김계환(2020.12.10.), '혁신성장을 위한 기술금융의 역할 – 선진사례와 시사점', 산업연구원 정책자료

<표 2-8> 기술기업의 기술개발 단계별 자금조달 원천

구분	초반기(연구)		중반기(상품개발)		후반기(시장개척)	
	기초연구	응용연구	시제품개발	출시품제작	시장진출	시장확대
공적 자금	정부출연	정부출연	정부출연		중소벤처기업부 기술신용대출 (기술보증기금, 산업은행, 기업은행, 중소기업진흥재단)	
민간 자금	–	엔젤투자*	엔젤투자* 벤처캐피털*	벤처캐피털 엔젤투자* 벤처펀드*	벤처캐피털 벤처펀드 금융기관대출*	벤처캐피털 벤처펀드 금융기관대출

* 표시는 상내적으로 활빌하지 않은 영역임

출처 : 김상훈 · 김계환(2020.12.10.), '혁신성장을 위한 기술금융의 역할 – 선진사례와 시사점'. 산업연구원 정책자료 2020-16.

제 3 장

기술금융을 위한 기술가치평가

스타트업을 위한 기술금융과 기술가치평가

3.1 기술평가의 유형 및 목적

3.2 기술가치평가 절차

3.3 기술가치평가 의뢰기업 준비사항

3.4 기술가치평가보고서 내용

3.1 기술평가의 유형 및 목적

기술평가의 범위는 광범위하지만 본서는 '기술평가 운영지침' 제1장 제2조의 기술평가 정의를 준용한다. 기술평가는 사업화를 통하여 발생할 수 있는 경제적 가치를 가액·등급 또는 점수 등으로 표현한 것이다(기술의 이전 및 사업화 촉진에 관한법률 제2조). 기술평가는 기술가치평가와 기술력평가로 구분한다. 전자는 대상기술의 사업화를 전제로 미래에 창출된 현금흐름의 현재가치를 산출하여 금액으로 표시하고 후자는 기술사업화 주체의 기술력을 종합적으로 평가하여 등급·점수로 나타낸다. 기술평가 유형은 〈표 3-1〉과 같다.

<표 3-1> 기술평가 유형

구분	내용
기술가치평가	사업화하려는 기술이나 사업화된 기술이 사업을 통하여 창출하는 경제적 가치를 기술시장에서 일반적으로 인정된 가치평가 원칙과 방법론에 입각하여 평가하고 기술가치는 금액으로 표시함
기술력평가	기술을 활용하는 주체의 인력/조직/지원 서비스 등을 종합적으로 평가함으로써 사업주체의 기술개발, 흡수 및 혁신능력을 평가하여 등급·점수 등으로 표시함

출처 : 산업통상자원부(2021.02), '2020 기술평가 실무가이드'

기술가치평가의 목적은 기술의 이전거래, 투·융자, 현물출자, 분쟁·소송, 세무 및 기술특례상장 등으로 나뉜다. 기술가치평가의 목적은 〈표 3-2〉와 같다.

<표 3-2> 기술가치평가의 목적

구분	목적	내용
기술 평가	이전/거래	기술의 매매, 라이선스 가격 결정
	현물출자	기술 또는 지식재산권의 현물출자
	금융	기술의 담보권설정 또는 투자유치
	전략	기업의 가치증진, 기술상품화, 분사, 장기 전략적 경영계획 수립
	세무	기술의 기증, 처분, 상각을 위한 세무계획수립 및 세금 납부
	소송	지식재산권 침해, 채무불이행, 기타 분쟁 관련 소송
	청산	기업의 파산 또는 구조조정에 따른 자산평가, 채무상환계획
	기타	특례상장

출처 : 산업통상자원부(2021.02), '2020 기술평가 실무가이드'

기술력평가는 투자, 기술신용대출, 특례상장, 기술보증 등 다양한 목적으로 활용되고 있다. 기술력평가의 목적은 〈표 3-3〉과 같다.

<표 3-3> 기술력평가의 목적

구분	목적	내용
기술력 평가	투자	벤처캐피털 등의 지분투자, 주식연계형 투자
	대출	은행 등 금융기관의 기술신용대출 또는 기술담보대출
	특례상장	한국거래소 코스닥 기업 특례상장
	기술보증	기술보증기금 등이 보증의사결정
	기타	기업의 기술력 홍보, 기업인증 등을 위한 참고자료

출처 : 산업통상자원부(2021.02), '2020 기술평가 실무가이드'

본서는 스타트업 등이 기술금융으로 자금조달을 위해 주로 사용되는 기술가치평가를 대상으로 한다. 기술가치평가방법은 수익접근법, 원가접근법, 시장접근법 등이 있으며 상세한 내용은 〈표 3-4〉와 같다.

실무에서 가장 많이 사용하는 기술가치평가 방법은 수익접근법(기술요소법)이다. 수익접근법을 이해하면 로열티공제법의 적용은 어렵지 않다. 본서는 수익접근법(기술요소법)으로 기술가치평가를 설명하고자 한다.

<표 3-4> 기술가치평가 방법

구분	내용	방법
수익접근법	활성화된 거래시장이 존재하지 않거나, 거래시장 자체가 정상적으로 작동하지는 않지만 대상기술을 사업화 할 수 있는 시장이 존재할 경우 대상기술의 사업화를 전제로 기술가치를 평가함	· 기술요소법 · 다기간초과이익법 · 증분수익 · 잔여가치법 · 실물옵션법
원가접근법	활성화된 거래시장이 존재하지 않거나, 기술의 사업화를 위한 시장이 정상적으로 작동하지 않아서 수익접근법이나 시장접근법을 적용할 수 없는 경우	· 역사적원가법 · 재생산원가법 · 대체원가법
시장접근법	활성화된 거래시장이 존재한다는 가정하에 시장에서 생성된 거래사례, 로열티율이 신뢰할 수 있거나 경매 등으로 가격이 효율적으로 작동하는 경우	· 거래사례비교법 · 로열티공제법 · 경매

출처 : 산업통상자원부(2021.02), '2020 기술평가 실무가이드'

3.2 기술가치평가 절차

국내의 기술금융은 기업의 지식재산권(예 : 특허권)에 대해 기술가치평가로 기술가치를 산출하고 이를 근거로 금융기관이 자금을 공급한다. 기술금융은 기술담보대출, 기술보증대출, 기술투자 등이 있다.

기술가치평가 절차는 의뢰기업이 기술가치평가를 기술평가기관에 접수하면 평가기관은 내부 검토를 거쳐서 기술평가의 진행 여부를 결정하고 의뢰기업에 회신한다. 의뢰기업과 평가기관 간에 계약서를 작성하고 기술평가기관은 기술평가를 진행한다. 기술평가기관은 기술가치평가 보고서를 작성하고 의뢰기업에 전달한다. 기술가치평가 절차는 〈그림 3–1〉과 같다.

<그림 3-1> 기술가치평가 절차

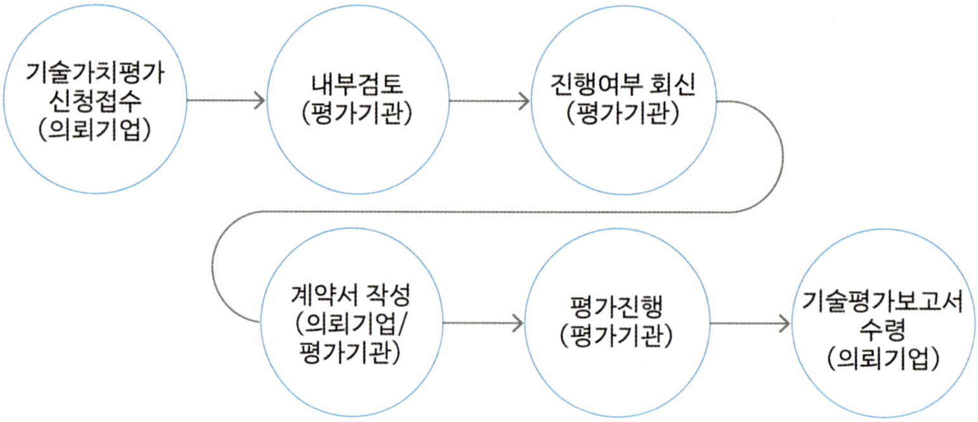

기술가치평가 절차를 의뢰기업 입장에서 살펴보면 기술가치평가 업무는 사전상담, 계약서 작성, 평가기관의 업무계획수립 및 자료수집, 의뢰기업에 대한 현장실사, 평가기관의 평가요인분석 및 기술가치금액 산출, 중간보고서 검토 그리고 의뢰기업의 최종보고서 수령으로 진행된다.[28)]

(1) 사전상담

기술평가 의뢰기업과 기술평가기관은 기술평가에 착수하기 전에 평가 의뢰자와 다음과 같은 기본사항을 협의해야 한다(「기술평가기준 운영지침」 제14조).

기술가치평가 업무 착수 전의 의뢰기업과 평가기관 간의 기본사항(의사결정 사항)은 〈표 3-5〉와 같다. 의뢰기업과 평가기관은 기술평가의 목적, 대상기술, 기술사업화 단계, 기술평가의 유형, 기술평가 외에 전문가 자문 등의 기타 서비스 요구사항, 수수료 및 평가경비 관련 사항 등에 합의해야 한다.

<표 3-5> 기술가치평가 업무 착수 전 의사결정사항

구분	의사결정사항	내용
1	기술평가목적	· 기술가치평가의 목적은 기술거래, 현물출자, 투자·융자, 전략수립, 세무, 소송 및 청산 등이 있음
2	대상기술	· 대상기술은 1) 기술의 이전 및 사업화 촉진법 상의 기술, 2) '지식재산기본법' 등 관계 법령에 따라 보호되는 생물의 품종이나 유전자원, 3) 상기 1)과 2)를 제외한 '지식재산기본법'상 신지식재산(지식재산기본법 제3조 제1호)을 대상으로 함(「기술평가기준 운영지침」 제12조)

28) '2020년 기술평가실무가이드(산업통상자원부, 2021.02)'의 기술가치평가 업무절차를 의뢰기업 입장에서 구성하였다.

3	기술사업화단계	· 기술가치평가는 기술의 사업적 실현 가능성을 판단할 수 있는 단계에서 수행함 · 사업화 단계 중 개발 단계(생산이나 사용 전의 시제품과 모형의 설계, 제작, 시험 단계) 이상의 완성도에 이른 기술을 대상하는 것이 적절함 · 연구단계 기술은 사업화 실현 가능성의 불확실성이 매우 높아서 적절하지 않을 수 있음
4	평가기준시점 (평가일)	· 기술가치평가의 기준시점은 평가가 이루어지는 시점으로 일반적으로 계약체결일의 초일로 함 · 평가기준일은 평가보고서에 명시하고, 평가기준일을 고려하여 유효기간 지정함 · 기술평가 유효기간은 평가기준일부터 1년 동안임(예 : 2021년 1월 1일 ~ 2021년 12월 31일)
5	기술평가의 유형	· 기술가치는 평가목적 및 용도에 따라 기술가치평가와 기술력평가를 선택함
6	기술평가 외에 전문가 자문 등의 기타 서비스 요구사항	· 기술평가는 대상기술의 기술가치 산출 업무만 포함하고, 이외의 전문가 자문(예 : 마케팅전략 수립) 등의 서비스는 별도로 진행되어야 함
7	수수료 및 평가경비 관련 사항 등	· 기술평가 수수료, 기타 출장비 등의 경비 관련 사항

출처 : 산업통상자원부(2021.02), '2020년 기술평가실무가이드'

(2) 계약서 작성

기술가치평가 계약은 대상기술, 평가목적, 평가기한 및 평가수수료 등을 정확히 명시한다. 평가시점(평가일)은 일반적으로 계약체결일의 초일로 결정하며 의뢰기업과 기술평가기관과 협의하여 조정할 수 있다. 기술평가 작업기간은 계약일로부터 4주~8주 정도 소요된다.

(3) 평가업무 계획수립 및 자료수집

기술평가기관은 업무추진 계획을 수립하고, PM과 평가전문위원을 구성한다. 평가전문위원은 박사 또는 국가공인자격증(기술거래사, 변리사, 회계사 등)을 소지한 전문가로 구성한다. 평가전문위원은 현장실사 전에 의뢰기업의 기술사업계획서에 기반하여 자료를 수집하고 분석한다. 평가전문위원이 의뢰기업에 요청하는 자료는 기술사업계획서, 회사 IR자료, 특허증, 최근 3개년 표준재무제표 증명원 등이다.

(4) 현장실사

기술평가팀은 의뢰기업에 대한 현장실사를 통해 대상기술과 대상기술로 구현되는 제품(서비스)을 확인하고 목표시장을 구체화한다. 평가팀은 현장실사에서 의뢰기업 대표자 및 기술책임자 등과의 인터뷰를 필수적으로 수행해야 한다. 인터뷰는 평가팀과 의뢰기업의 대표이사를 포함한 주요 경영진의 사업화역량과 사업계획, 대상기술 수준을 확인할 수 있도록 대상기술의 특징, 적용 제품(서비스), 국내외 경쟁·대체기술, 향후 기술개발 전망, 대상기술이 적용된 제품·서비스의 경쟁력 및 생산공정, 주요경쟁사, 사업화 준비기간 그리고 제품·서비스 출시 시기 등에 대해 질의·응답으로 진행한다.

(5) 평가요인분석 및 기술가치금액 산출

기술평가기관은 대상기술에 대해 기술, 권리, 시장, 사업적인 내용을 분석하고 기술가치평가 방법(수익접근법, 로얄티공제법 등)을 적용하여 기술가치평가 금액을 산출한다.

(6) 중간보고서 검토

기술가치평가 PM과 평가전문위원들은 중간보고서를 검토하고 기술가치금액의 적정성을 논의한다. 다만, 평가기간 등을 고려하여 중간보고서의 검토는 생략할 수 있다.

(7) 최종보고서 수령

기술평가기관은 기술가치평가 보고서에 대해 내부 품질관리를 수행하고, 품질관리에서 제기된 지적사항을 반영하여 최종보고서를 완성한다. 의뢰기업은 기술평가기관이 전달한 최종보고서를 수령한다.

3.3 기술가치평가 의뢰기업 준비사항

기술가치평가 업무는 기술평가 신청, 사전상담, 계약체결, 현장실사 및 최종보고서 수령으로 구성된다. 기술가치평가 의뢰기업의 업무 준비사항은 〈표 3-6〉과 같다.

<표 3-6> 기술가치평가 의뢰기업의 준비사항

구분	내용	업무/준비사항
기술평가 신청	· 기술평가기관에 상담 신청 · 기술평가는 정부지정 기술평가기관에 신청함(<표 3-7> 참조)	· 유선 통화 또는 e-mail 신청
사전상담	· 의뢰기업과 기술평가기관 간의 사전상담 진행 · <표 3-5>의 기술평가 착수 전의 결정 사항 확정	· 기술평가기관 방문 또는 유선통화 · 회사IR 자료/특허증 등 준비
계약체결	· 의뢰기업과 기술평가기관 간에 계약서 작성 · 평가기관은 현장실사를 위한 자료 제출 요청	· 기술사업계획서 · 사업자등록증명원 · 최근 3년 표준재무제표증명원 · 주주명부 · 벤처기업확인서/이노비즈확인서/기업부설연구소 인정서 등(기업 보유 시) · 조직도 및 인원 현황 · 각종 수상내역 등 증빙자료
현장실사	· 기술평가 전문위원이 의뢰기업 방문 · 특허 관련 핵심기술, 제품/서비스에 대해 대표자와 기술책임자 인터뷰 · 사업장(또는 공장) 견학	· 회의공간(10~12인) · 기술사업계획서의 회사, 기술, 제품 설명 · 시제품 또는 제품 소개 · 사업장(또는 공장) 견학 준비
최종보고서 수령	· 기술평가기관으로부터 최종보고서 수령	· 최종보고서 검토

(1) 기술가치평가 신청

기술가치평가 의뢰기업은 기업이 소유한 지적재산권(예 : 특허권)의 가치평가를 위해 정부지정 기술평가기관에 유선통화 또는 e-mail로 상담을 신청한다.

기술평가기관은 「기술이전법」 제35조에서는 산업통상자원부장관 등 관계중앙행정기관의 장이 지정한다. 기술평가기관은 과거에는 공공기관만 지정되었으나 2016년부터 민간기관을 지정하였다.[29] 2022년 12월말 기준으로 기술평가기관은 공공기관 20개, 민간기관 11개로 총 31개이다. 정부지정 기술평가기관 현황은 〈표 3-7〉과 같다.

<표 3-7> 정부지정 기술평가기관(2022년 12월말 기준)

구분	기관명	지정일	구분	기관명	지정일
1	기술보증기금	2001년	17	NICE 평가정보(주)*	2016년
2	한국발명진흥회	2001년	18	국토교통과학기술진흥원	2016년
3	한국보건산업진흥원	2001년	19	(주)윕스*	2016년
4	한국산업은행	2001년	20	특허법인 다나*	2017년
5	전자부품연구원	2002년	21	특허법인 다래*	2017년
6	한국과학기술정보연구원	2002년	22	이크레더블*	2018년
7	국방기술품질원	2008년	23	(주)나이스디앤비*	2018년
8	중소기업진흥공단	2008년	24	특허법인 도담*	2018년
9	한국산업기술진흥원	2009년	25	한국평가데이터(주)*	2018년
10	한국농업기술진흥원	2010년	26	해양수산과학기술진흥원	2019년
11	한국과학기술연구원	2014년	27	(주)케이티지*	2020년
12	한국기계연구원	2014년	28	(주)티밸류*	2020년
13	한국생명공학연구원	2014년	29	유미특허법인*	2020년
14	한국생산기술연구원	2014년	30	신용보증기금	2020년
15	한국전자통신연구원	2014년	31	한국에너지기술평가원	2020년
16	연구개발특구진흥재단	2015년			

* 민간기관

출처 : 국회입법조사처(2019.12), '기술평가제도 현황 및 활성화를 위한 과제' : 2019년 이후의 지정일은 업계 관련자와의 인터뷰로 파악함

29) 국회입법조사처(2019.12), '기술평가제도 현황 및 활성화를 위한 과제'

(2) 계약서 작성

의뢰기업과 기술평가기관 간에 계약서를 작성한다. 의뢰기업은 기술평가기관에 현장실사 준비를 위해 기술사업계획서, 사업자등록증명원, 최근 3개년 표준재무제표증명원, 조직도 및 인원현황 등을 제출한다.

(3) 현장실사

현장실사는 기술평가 전문위원들이 대상특허와 관련된 핵심기술, 제품/서비스의 특징과 장단점 등에 대해 대표자와 기술책임자에게 인터뷰 형식으로 진행한다. 일반적으로 PM과 기술 · 권리 · 시장 · 사업성 분석의 평가전문위원 4인이 방문하게 되므로 의뢰기업은 10~12인 규모의 회의공간을 준비한다.

의뢰기업의 대표이사(또는 기술책임자)는 회사 개요, 경영진, 대상기술의 장단점, 시장 상황, 제품 경쟁력 등을 평가전문위원에게 설명한다. 평가전문위원은 해당 사항에 대해 대표이사(또는 기술책임자)와의 인터뷰를 통해 상세한 내용을 파악한다. 현장실사에서 대상특허의 제조공정 등의 실사를 위해 평가전문위원은 사업장(또는 공장)을 방문하고, 의뢰기업은 관련 특허의 제조공정 중심으로 설비와 제조공정을 설명한다. 대상기술제품이 상용화 이전단계로 사업장(또는 제조공장)이 없는 경우에는 연구소 등을 방문하여 시제품 등을 실사한다. 평가전문위원의 사업장(또는 공장) 견학은 30분 정도 소요된다.

(4) 최종보고서 수령

현장실사 이후에 평가전문위원은 보고서를 작성한다. 의뢰기업은 평가전문위원의 e-mail 등의 문의사항에 신속하게 대응한다. 의뢰기업은 현장실사를 받고 나서 4~6주 이후에 최종 기술평가보고서를 수령한다.

3.4 기술가치평가 보고서 내용

기술가치평가는 관련자 면담, 기업현장실사, 자료수집, 기술·권리·시장·사업 등 평가요인 분석, 기술가치 산정, 내부품질관리, 결과통보 등의 과정으로 수행된다. 기술가치평가 보고서(이하, 평가보고서)는 「기술평가기준 운영지침」 제7장을 준수하고 최소한 〈표 3-8〉의 내용이 포함된 보고서로 구성되어야 한다(「기술평가기준 운영지침」 제71조). 다만, 내부 품질관리체계를 갖춘 기술평가기관은 기술평가의 목적과 용도에 따라 〈표 3-8〉의 기술평가보고서 내용을 조정할 수 있다.

<표 3-8> 기술가치평가 보고서 내용

구분	내용
일반사항	· 평가기준일과 보고일 · 평가의 목적과 사용 용도 · 의뢰자의 기술평가 요구사항 · 평가결과와 산출근거 · 기술평가 유효기간
평가대상의 설명	· 평가대상과 평가범위 식별 · 평가대상의 기술적, 경제적 속성과 권리상황 · 적용되는 법규나 기타기준
분석내용	· 적용된 기술평가의 개념과 가치기준 · 적용된 평가방법 · 대상기술의 사업모델, 기술성, 권리성, 시장성, 사업성분석 · 제반가정 및 제한조건 · 사용된 정보와 분석과정 및 근거 · 기술가치평가 · 의견 및 결론

평가자의 적격성	· 평가자의 전문성과 자격 · 기술평가기관장과 평가자의 서명 날인

출처 : 산업통상자원부(2021.02), '2020년 기술평가실무가이드'

평가보고서는 평가의 목적과 용도에 따라 충분한 정보를 포함하고, 적용된 절차와 방법론, 분석내용 및 결론에 대한 명확한 근거와 설명, 적용된 가정과 한계점에 대해 분명하게 제시해야 한다. 기술평가 의뢰자 및 관련이용자가 평가보고서를 이해하기 쉽도록 작성되어야 한다(「기술평가기준 운영지침」 제59조).

제 4 장

기술가치평가를 위한 재무제표분석

4.1 대표업종과 분석대상 선정

4.2 재무상태표와 손익계산서의 이해

4.3 주요 재무비율 분석

4.4 시장가치의 본질

4.1 대표업종과 분석대상 선정

기술가치평가를 위한 재무제표분석에서 특정 기업의 재무제표 활용이 어려우므로 한국은행의 '기업경영분석'을 사용하여 가상기업을 설정하였다. 제1장에서 살펴보았듯이 국내 중소기업의 특허출원은 대기업과 비교하여 고위기술산업군의 비중이 높게 나타났다. 국내 제조산업의 실질적인 부가가치를 높이기 위해서는 고위기술산업군의 창업이 활성화 되어야 한다. 이러한 점을 고려하여 재무제표분석을 위한 대표업종은 고위기술산업군에 속하는 의료·정밀·과학기기(C27)를 선정하고 분석대상 기업규모는 중소기업을 대상으로 하였다.

한국은행의 기업경영분석은 기업의 규모를 종합, 대기업, 대기업_중견, 중소기업으로 구분한다. 중소기업기본법의 분류기준(자산총액, 평균매출액등)에 의해 중소기업과 대기업의 범위를 규정하고 2020년부터 중소기업 성장 촉진 및 경쟁력 강화에 관한 특별법 기준에 따라 중견기업을 추가하였다.[30]

종합은 대기업, 대기업_중견 및 중소기업을 합산한 것이다. 중견기업은 자산총액이 5,000억 원 이상이거나 업종별로 매출액이 일정 수준 이상이어야 한다.[31] 중소기업은 자산총액이 5천억 미만이고 업종별로 매출액이 일정수준 이하여야 한다. 대표업종으로 선정한 의료·정밀·광학기기 및 시계제조업(C27)의 중소기업은 3년 평균매출액이 800억 원 이하 기업이다.[32]

30) 한국은행(2022.12), '2021년 기업경영분석'
31) 한국중견기업연합회, https://www.fomek.or.kr/main/definition/definition01_2.php
32) 중소기업기본법 시행령 사이트, https://www.law.go.kr/

한국은행의 기업경영분석은 업종별 3개년의 재무상태표, 손익계산서, 제조원가명세서, 현금흐름표 그리고 이익잉여금처분계산서를 제공한다. 한국은행경제통계시스템(ECOS) 화면은 〈그림 4－1〉과 같다.

가상기업의 재무제표는 한국은행의 기업경영분석에서 제공하는 의료 · 정밀 · 과학기기(C27) 업종에 속하는 중소기업의 평균적인 재무제표를 사용하였다. 평균 재무제표는 의료 · 정밀 · 과학기기(C27)의 재무제표의 각 계정 금액을 대상기업 수로 나눈 평균이다.

<그림 4－1> 한국은행경제통계시스템(ECOS) 화면

<한국은행 ECO 첫 화면>

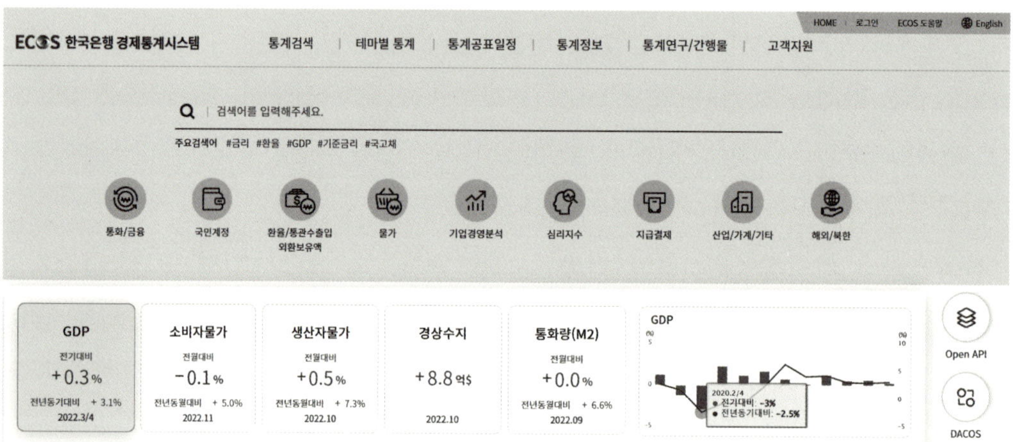

<기업경영분석 화면>

자료 : 한국은행 ECOS시스템, https://ecos.bok.or.kr/#/

4.2 재무상태표와 손익계산서의 이해

재무제표의 작성 방법은 회계학에서 다루고 있으므로 여기서는 기술가치평가를 위한 재무상태표와 손익계산서의 구조 및 주요 계정의 의미, 상호관련성을 중심으로 설명한다.

4.2.1 재무상태표의 이해

재무상태표는 일정 시점에서 기업의 재무상태를 나타내는 보고서이다. 재무상태표는 보고식으로 작성되므로 자산, 부채, 자본이 유동성 배열법에 따라 순서대로 위에서 아래로 표시하고 왼쪽, 오른쪽으로 작성하지 않는다. 재무상태표는 보고식으로 작성되지만 용이한 설명을 위해서 본서는 차변과 대변으로 구분한다. 재무상태표는 자금의 조달상황을 보여주는 대변(오른쪽), 조달한 자금의 운용을 보여주는 차변(왼쪽)으로 구성된다.

(1) M기업 재무상태표[33]

대표업종으로 선정한 의료 · 정밀 · 과학기기(C27)의 중소기업 재무상태표는 〈표 4-1〉과 같다. 재무상태표의 각 계정은 한국은행 기업경영분석의 의료 · 정밀 · 과학기기(C27) 제조 중소기업의 2021년 자료이고 종사업체 수는 해당 업종의 통계청(2019)의 최근 자료를 사용하여 재무상태표의 각 계정을 종사업체 수로 나눈 평균이다.[34]

---

33) M기업은 C27업종에 속하는 가상기업으로 한국은행의 C27의 평균값으로 재무제표를 작성하였다.
34) 통계청의 해당업종 종사자수에 대한 최신자료는 2019년 자료이다(검색일 : 2022년 12월).

<표 4-1> M기업의 재무상태표

M기업 재무상태표 12월31일 (단위 : 억 원)

자산	금액	부채/자본	금액
I. 유동자산	53.8	I. 유동부채	28.8
(1) 당좌자산	41.8	매입채무	5.2
현금 · 현금성자산	14.1	단기차입금	10.6
단기투자자산	9.8	유동성장기부채	2.7
매출채권	13.7	기타유동부채	10.3
기타당좌자산	4.3	II. 비유동부채	18.9
(2) 재고자산	12.0	회사채	1.5
II. 비유동자산	45.2	장기차입금	14.3
(1) 투자자산	8.8	기타비유동부채	3.1
(2) 유형자산	30.6	III. 자본	51.3
토지	13.0	(1) 자본금	8.4
설비자산	16.1	(2) 자본잉여금	21.7
건설중인자산	1.5	(3) 자본조정	-1.3
(3) 무형자산	3.2	(4) 기타포괄손익누계액	1.2
기타비유동자산	2.6	(5) 이익잉여금	21.3
자산총계	99.0	부채및자본합계	99.0

자료 : 한국은행 경제통계시스템, '기업경영분석' : 통계청, '품목분류별 사업체수, 생산액, 출하 및 연말재고액(10명이상, 2019년)'

(2) 재무상태표의 주요 계정

재무상태표는 일정시점에 기업의 재무상태를 보고하기 위하여 재무상태표 작성일 현재의 모든 자산과 부채 및 자본을 적절히 표시한 재무보고서이다.

재무상태표의 자산은 유동자산과 비유동자산으로 부채는 유동부채와 비유동부채로 구성된다. 자본은 자기자본으로도 불리고 자본금, 자본잉여금, 자본조정, 기타포괄손익누계액, 이익잉여금으로 구성된다. 재무상태표의 주요 계정에 대한 설명은 〈표 4-2〉와 같다.

<표 4-2> 재무상태표의 주요 계정

구분	내용
유동자산 (current asset)	• 재무상태표 작성일로부터 보통 1년 이내에 현금화될 수 있는 자산 • 유동자산 : 당좌자산, 재고자산 • 당좌자산 : 현금 및 현금성 자산, 단기금융자산, 매출채권, 기타당좌자산(단기대여금, 미수금, 미수수익) 구성
비유동자산 (non-current asset)	• 현금화하는데 1년 이상 소요되는 자산 • 투자자산 : 투자부동산, 장기금융자산, 장기대여금 • 유형자산 : 토지, 설비자산, 건설중인자산, 기타유형자산 • 무형자산 : 영업권, 산업재산권(특허권), 개발비
유동부채 (current liability)	• 상환기간이 1년 이내인 부채 • 유동부채 : 매입채무, 단기차입금, 기타유동부채
비유동부채 (non-current liability)	• 상환기간이 1년 이상인 부채 • 비유동부채 : 사채(= 회사채), 장기차입금, 기타비유동부채
자본 (Equity)	• 자본은 자기자본(또는 순자산)으로 불림 • 자본금, 자본잉여금, 이익잉여금, 자본조정, 기타포괄손익누계액 1) 자본금 : 보통주발행액(발행 당시의 액면가 기준) 2) 자본잉여금 : 주식발행초과금, 감차차익 등 3) 이익잉여금 : 법정적립금(이익준비금), 임의적립금 및 처분전이익잉여금 ※ 순수한 경영 활동에서 창출한 이익 중에서 특수한 목적을 위해 배당하지 않고 회사 내부에 남겨 놓은 것 4) 자본조정 : 주식할인발행차금, 자기주식 5) 기타포괄손익누계액(OCI) : 매도가능금융자산평가손익, 해외사업환산손익, 현금흐름위험회피 파생상품 평가손익 및 재평가이익 등

(3) 자금의 조달

기업은 영업활동을 위해 자금이 필요하다. 자금은 남에게 빌려서 조달하거나 주식을 발행하여 조달한다. 남에게 빌려서 조달한 자금은 부채(debt) 또는 타인자본이고 주식을 발행해 조달한 자금은 자본(Equity) 또는 자기자본이다.

부채는 영업과 관련한 매입채무, 개인으로부터 빌린 차입금과 은행의 차입금 그리고 채권을 발행하여 빌린 회사채 등이 있다. 기업이 부채로 자금을 조달하면 부채를 사용한 대가로 약정한 이자를 지급하고 원금을 상환해야 한다.

자본은 주주가 주식을 인수하면서 납입한 금액(자본금과 자본잉여금)과 순수한 경영활동으로 축적한 이익잉여금[35]이 있다. 기업은 자본을 사용한 대가로 주주에게 배당해야 하지만 배당금은 사전에 약정하지 않으며 경영성과에 의해 결정되고 원금상환의 의무가 없다. 기업은 약정한 원리금을 지급해야 하는 부채(타인자본)보다는 경영성과에 따라 배당하는 자본(자기자본)을 통한 자금조달을 선호한다.

기업이 일정 시점까지 조달한 자금의 구성내역은 재무상태표의 대변(오른편)에 나타난다. M기업의 자금구성은 〈표 4-3〉과 같다. M기업은 99억 원 총자본을 조달하였다. 자금조달의 내역은 상환기간이 1년 이내인 유동부채가 28.8억 원, 1년 이상인 비유동부채가 18.9억 원으로 부채(타인자본)로 47.4억 원을 조달하였고 자본(자기자본)은 51.3억 원을 조달하였다.

<표 4-3> M기업의 자금구성 내역

M기업 재무상태표 (12월31일) (단위 : 억 원)

자산(Asset)	99	부채(= 타인자본)	47.72
		유동부채	28.8
		비유동부채	18.9
		자본(= 자가자본)	51.3
		자본금	8.4
		자본잉여금	21.7
		자본조정	-1.3
		기타포괄손익누계액	1.2
		이익잉여금	21.3
자산총계	99	부채와 자본총계(= 총자본)	99

출처 : 〈표 4-1〉의 재무상태표

기업입장에서 자금조달 수단으로 부채와 자본에 대해 위험이 큰 순서로 나열하면 유동부채, 비유동부채 그리고 자본 순이다. 부채는 원리금 상환 의무가 있고, 유동부채는 1년 이내에 상환해야 한다. 자본은 원금상환 의무가 없으며 경영성과에 따라 배당이 이루어지고 확정적인 의무가 없는 자금조달 수단이다. 기업의 자금조달은 원리금 상환의 의무가 있는 부채(타인자본)보다는 자본(자기자본)이 선호된다.

35) 잉여금 = 자본잉여금 + 이익잉여금

(4) 자금의 운용

기업이 조달한 자금은 경영활동을 위해 투자된다. 생산활동을 위하여 시설자산에 투자되기도 하고 일부는 생산활동 이외에 투자되기도 한다. 투자된 자산은 유동자산과 비유동자산으로 구성된다. 일정시점에서 기업의 자산구성은 재무상태표의 차변(왼쪽)에 표시된다. M기업의 자산구성 내역은 〈표 4-4〉와 같다.

〈표 4-4〉에서 M기업은 부채와 자본으로 조달한 자금 99억 원을 유동자산인 당좌자산과 재고자산에 53.8억 원을 투자하고 비유동자산인 투자자산, 유형자산(토지, 건축물, 설비 등), 무형자산에 45.2억 원을 투자하였다.

<표 4-4> M기업의 자산구성 내역

M기업 재무상태표 (12월31일) (단위 : 억 원)

유동자산	53.8	부채(= 타인자본)	47.7
당좌자산	41.8		
재고자산	12.0		
비유동자산(= 고정자산)	45.2	자본(= 자기자본)	51.3
투자자산	8.8		
유형자산	30.6		
무형자산	3.2		
자산총계	99	부채와 자본총계(총자본)	99

자료 : 〈표 4-1〉의 재무상태표

유동자산은 경영활동을 도와주는 자산으로 1년 안에 유동화될 수 있는 자산이다. 유동자산은 유동부채를 변제하는 힘이고 필수적인 운영자금이다. 다만, 과도한 유동자산 보유는 지불불능위험은 낮출 수 있으나 수익성을 감소시켜서 적정수준의 유동자산을 보유해야 한다.

비유동자산은 주로 생산활동을 위해 필요한 자산으로 통상 1년 이상 잠겨있는 자산이다. 비유동자산의 유동화(또는 현금화)를 위해서는 생산·판매·회수 과정을 거쳐야 한다. 생산활동을 위하여 투자된 비유동자산은 자금이 묶여있어서 불확실성의 원천인 동시에 수익성의 근원이다.

(5) 재무상태표의 위험균형

재무상태표의 차변(자금운영)과 대변(자금조달)의 구성내역을 비교하여 자금조달과 자금운용 간의 위험이 균형을 이루고 있는지 분석한다. 기업입장에서 비유동자산은 자산이 묶여있어서 유동성(= 현금화) 측면에서 유동자산에 비해 위험이 크다. 유동부채는 원리금 상환의 의무가 있으며 1년 이내에 상환해야 하므로 비유동부채와 자본과 비교하여 위험이 크다. 자금을 운영할 때는 위험이 상대적으로 큰 비유동자산에 대한 투자는 위험이 상대적으로 작은 장기자본(비유동부채와 자기자본)의 범위 내에서 투자되어야 재무안정성이 확보된다.

M기업의 재무상태표의 위험균형은 〈표 4-5〉와 같다. M기업의 비유동자산 45.2억 원은 비유동부채 18.9억 원과 자기자본 51.3억 원을 합한 70.2억 원의 장기자본 이내에서 투자되어 재무상태표상의 위험이 균형을 이루고 있어서 재무안정성을 확보한 것으로 보인다.

<표 4-5> M기업의 재무상태표의 위험균형

M기업

재무상태표
(12월31일)

(단위 : 억 원)

유동자산	53.8	유동부채	28.8
비유동자산(고정자산)	45.2	비유동부채	18.9
		자본(자기자본)	51.3
자산총계	99	부채와 자본총계(총자본)	99

자료 : 〈표 4-1〉의 재무상태표

4.2.2 손익계산서의 이해

손익계산서는 일정기간의 경영활동에서 발생한 수익과 비용 그리고 당기순이익에 대한 보고서이다. 일정기간은 회계기간으로 12월 결산법인의 회계기간은 20××년 1월 1일부터 20××년 12월 31일까지이다. 손익계산서는 일정기간의 기업의 경영성과를 보고하기 위해 회계기간에서 발생한 모든 수익과 수익에 대응하는 비용을 기재하고 법인세비용 등을 차감하여 당기순이익을 표시한다.

(1) M기업 손익계산서

대표업종으로 선정한 의료 · 정밀 · 과학기기(C27)의 중소기업에 대한 손익계산서는 〈표 4-6〉과 같다. 손익계산서의 각 계정은 고위기술산업군에 속하는 의료 · 정밀 · 과학기기(C27) 제조 중소기업의 평균적인 금액이다. M기업은 당기에 매출액 66.1억 원과 당기순이익 2.4억 원을 실현하였다.

<표 4-6> M기업의 손익계산서

손익계산서
(1월1일~12월31일)

M기업 (단위 : 억 원)

I. 매출액	66.1
II. 매출원가	45.8
III. 매출총이익	20.3
IV. 판매비와관리비	16.5
급여 및 복리후생비	7.0
세금과공과, 임차료 및 보험료	1.0
감가상각비및무형자산상각비(대손상각비포함)	1.6
접대비	0.3
광고선전비	0.5
경상연구개발비	2.4
기타판매비와관리비	3.8
V. 영업이익	3.8
VI. 영업외수익	3.7
이자수익	0.3
배당금수익	0.0
외환차익	0.4
외화환산이익	0.3
기타영업외수익 등	2.6

VII. 영업외비용	4.4
이자비용	1.0
외환차손	0.2
기타영업외비용 등	3.3
VIII. 법인세차감전순이익(= 세전순이익)	3.1
IX. 법인세비용	0.7
X. 당기순이익	2.4

자료 : 한국은행 경제통계시스템, '기업경영분석' : 통계청, '품목분류별 사업체수, 생산액, 출하 및 연말재고액(10명이상, 2019년)'

(2) 영업활동의 수익과 비용

제조기업은 현금 또는 외상으로 원재료를 구매하고 시설자산을 사용하여 원재료를 가공하여 제품을 생산한다. 생산된 제품을 시장에 판매하여 현금을 회수하는 과정을 반복한다. 생산과정에서 사용된 비유동자산(설비 등)의 가치는 감가상각되어 비용으로 처리된다. 제조기업의 영업활동은 〈그림 4-1〉과 같다.

<그림 4-1> 제조기업의 영업활동

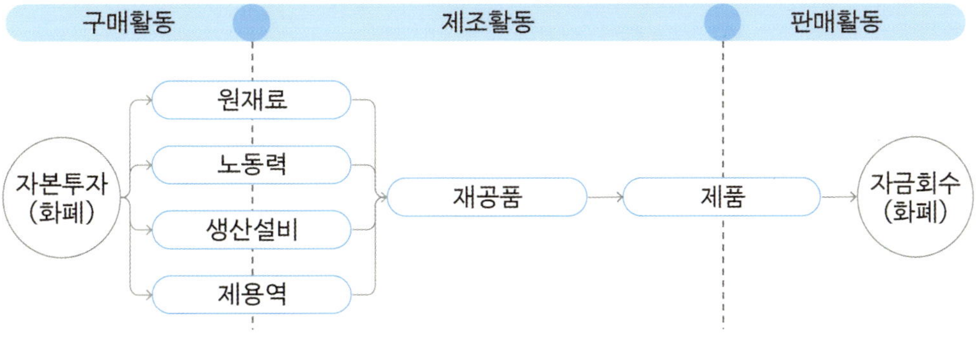

출처 : 임태종(2015), '원가관리회계', 샘앤북스

영업수익(operating revenue)은 기업 고유의 영업활동에서 발생한 수익으로 매출액이다. 영업비용(operating cost)은 영업수익을 얻는 과정에서 발생한 비용으로 매출원가와 판매관리비가 포함된다. 기업의 영업활동은 제조와 판매관리 활동이다.

<표 4-7> 영업 손익계산서

M기업 (1월1일~12월31일) (단위 : 억 원)

매출액(영업수익)	66.1
영업비용(제조+판매관리비)	62.3
영업이익	3.8

M기업의 영업활동과 영업손익계산서는 〈표 4-8〉과 같다. M기업은 매출액(영업수익) 66.1억 원에서 영업비용으로 매출원가 45.8억 원과 판매관리비 16.6억 원을 지출하고 영업이익 3.8억 원을 실현하였다. 매출원가는 영업비용 중에서 생산활동과 관련된 비용이다. 매출액에서 매출원가를 차감한 매출총이익은 공장 원가만을 차감한 이익이다. 매출원가는 생산활동에 지출된 비용으로 재료비, 노무비, 경비로도 표현된다. 제조과정에서 사용된 설비자산 등의 감가상각비는 경비에 포함된다.

<표 4-8> 영업활동과 영업손익계산서

M기업 (1월1일~12월31일) (단위 : 억 원)

매출액(영업수익)	66.1
- 매출원가	45.8
매출총이익	20.3
- 판매관리비	16.5
영업이익	3.8

(3) 영업외활동의 수익과 비용

기업의 회계이익은 영업활동과 영업외활동으로부터 얻어진다. 영업활동과 영업외활동은 경상활동이다. 영업외수익과 영업외비용은 기업의 정상적인 영업활동 이외에 재무활동 등에서 발생한 것으로 유형자산처분손익과 투자자산처분손익 등이 있다. 영업외비용 중에서 이자비용이 높을 때는 부채를 상세히 분석해야 한다.

M기업의 경상손익계산서는 〈표 4-9〉와 같다. M기업은 정상적인 영업활동에서 얻은 영업이익 3.8억 원에서 영업외수익 3.7억 원을 가산하고 영업외비용 4.4억 원을 차감하여 법인세차감전순이익(= 세전순이익) 3.1억 원을 얻었다. 법인세차감전순이익(= 세전순이익)은 기업의 영업활동과 영업외활동이 반영되어 있어서 실무에서 기업의 현실적인 이익지표로 많이 사용된다.[36)]

<표 4-9> 경상손익계산서

M기업 (1월1일~12월31일) (단위 : 억 원)

<table>
<tr><td rowspan="13">경상활동</td><td>(영업활동)</td><td>영업이익</td><td>3.8</td></tr>
<tr><td rowspan="12">(영업외활동)</td><td>+영업외수익</td><td>3.7</td></tr>
<tr><td>이자수익</td><td>0.3</td></tr>
<tr><td>배당금수익</td><td>0.0</td></tr>
<tr><td>외환차익</td><td>0.4</td></tr>
<tr><td>외화환산이익</td><td>0.3</td></tr>
<tr><td>기타영업외수익 등</td><td>2.6</td></tr>
<tr><td>-영업외비용</td><td>4.4</td></tr>
<tr><td>이자비용</td><td>1.0</td></tr>
<tr><td>외환차손</td><td>0.2</td></tr>
<tr><td>기타영업외비용 등</td><td>3.3</td></tr>
<tr><td>법인세차감전이익(= 세전순이익)</td><td>3.1</td></tr>
</table>

4.2.3 재무상태표와 손익계산서의 상호관련성

기업이 자산을 보유하고 활용하는 목적은 정상적인 영업활동으로부터 현금흐름을 얻기 위해서이다. 재무상태표와 현금흐름 간의 관계는 〈표 4-10〉과 같다. 기업이 정상적인 영업활동(제조, 판매/관리)으로 인해 자산구조(asset structure)가 변화되므로 재무상태표의 자산구성(차변)은 영업활동의 결과이다. 기업의 영업활동으로부터 얻는 현금흐름은 손익계산서의 매출액에서부터 영업이익까지의 정보로 파악한다. 재무상태표의 총자산(차변)과 손익계산서상의 영업활동(매출액~영업이익)은 상호 밀접한 관련성이 있다. 재무제표의 상호관련성은 〈그림 4-2〉와 같다.

36) 김철중(2018), '기업가치 중심의 경영분석', 명경사

<표 4-10> 재무상태표와 현금흐름

재무상태표			
현금흐름(in) → (세후영업이익)	자산(Asset)	부채(Debt)	→ 현금흐름(out) (가중평균자본비용)
		자본(Equity)	
	자산총계	부채와 자본총계(총자본)	

자료 : 김철중(2018), '기업가치 중심의 경영분석', 명경사

기업이 타인자본과 자기자본을 사용한 대가로 지급하는 자본비용은 현금유출이다. 기업의 자본조달과 관련된 재무활동 등은 재무제표상의 부채 · 자본과 관련 있으며 손익계산서에서 영업이익부터 당기순이익까지의 정보로 파악한다.

영업외비용의 이자비용은 부채(타인자본) 사용에 따른 자본비용이고, 당기순이익은 자기자본 사용에 따른 자본비용이다. 타인자본비용과 자기자본비용을 시장가치 기준의 부채비율과 자기자본비율로 가중평균한 것은 가중평균자본비용이다.[37]

<그림 4-2> 재무제표의 상호관련성

손익계산서
(1월1일 ~ 12월31일)

M기업 (단위 : 억 원)

영업활동	매출액	66.1
	-매출원가	45.8
	매출총이익	20.3
	-판매비와관리비	16.5
	영업이익	3.8
영업외활동	+영업외수익	3.7
	-영업외비용	4.4
	법인세차감전순이익 (= 세전순이익)	3.1
	-법인세비용	0.7
	당기순이익	2.4

재무상태표
(12월 31일)

M기업 (단위 : 억 원)

자산	금액	부채·자본	금액
유동자산	53.8	유동부채	28.8
		비유동부채	18.9
비유동자산	45.2	자본	51.3
총자산	99.0	총자본	99.0

37) 가중평균자본비용은 '4.4 시장가치의 본질'에서 자세히 다룬다.

4.3 주요 재무비율 분석

재무비율분석(financial ratio analysis)은 재무제표상의 개별항목 간의 비율을 산출하여 기업의 재무상태와 경영성과를 분석한다. 재무비율분석은 은행의 차입자에 대한 신용분석, 전문적인 투자자의 투자분석, 경영자의 경영상태 분석까지 폭넓게 사용된다. 본서에서는 스타트업의 경영분석과 기술가치평가와 관련된 재무비율에 한정하여 다루겠다.

<표 4-11> 주요 재무비율

구분	내용
안전성	• 기업의 단기채무 변제능력 및 타인자본 의존도 등의 재무안정성 분석 (유동비율, 당좌비율, 부채비율, 차입금평균이자율, 이자보상비율)
수익성	• 일정기간의 영업 성과 측정 (매출액총이익률, 매출액영업이익률, 매출액순이익률, 총자본영업이익률, 총자본순이익률)
활동성	• 일정기간의 자산 활용도 측정 (총자산회전률, 재고자산회전율, 매출채권회전율, 매입채무회전율, 1회전운전기간과 1회전운전자본)
성장성	• 전년대비 당년의 자산, 수익 및 이익의 증감 (매출액증가율, 총자산증가율, 자기자본증가율, 순이익증가율)

4.3.1 안정성 분석

(1) 유동비율

유동비율(current ratio)은 기업의 단기채무 지급 능력을 측정한다. 단기채무 지급 능력은 기업이 보유한 유동자산에 좌우되므로 유동비율은 유동부채에 대한 유동자산의 비율로 산출한다. 유동비율은 1년 이내에 현금화하여 단기채무(유동부채) 지급에 충당할 수 있는 유동자산이 단기채무의 몇 배 인지를 나타낸다.[38] 유동비율 공식은 〈그림 4−3〉과 같다.

유동자산은 만기가 다가오는 채무를 지급할 재원이므로 채무자의 유동비율이 높을수록 채무 불능상황이 낮아져서 단기채권자의 안전도는 높아진다. 유동성(liquidity)은 단기에 현금화 가능성이다. 유동자산에서 유동성이 가장 높은 자산은 현금, 매출채권, 재고자산 순이다. 유동비율의 적정성을 판단하는 기준은 실무적으로 130% 이상이고 이론적으로 200% 이상일 경우에 유동성을 확보한 것으로 평가한다.[39]

한편, 유동비율이 100%일 때 기업이 유동성을 충분히 확보하지 못한 것으로 여겨진다. 이는 유동자산 중에서 장부가격으로 현금화되기 어려운 매출채권과 재고자산이 있기 때문이다. 매출채권이 1년 안에 회수되지 않거나 재고자산은 진부화되어 시장성을 잃어버릴 수도 있다.

<그림 4−3> 유동비율 공식

$$\text{유동비율(\%)} = \frac{\text{유동자산}}{\text{유동부채}} \times 100 = \frac{53.8}{28.8} \times 100 = 186.8\%$$

38) 서병덕 · 홍동현(2015), '경영분석', 대진

39) 김철중(2018), '기업가치 중심의 경영분석', 명경사

<표 4-12> M기업의 재무상태표(유동비율)

M기업 (12월 31일) (단위 : 억 원)

자산	금액	부채/자본	금액
I. 유동자산	53.8	I. 유동부채	28.8
현금 · 현금성자산	14.1	매입채무	5.2
매출채권	13.7	단기차입금	10.6
재고자산	12.0	II. 비유동부채	18.9
II. 비유동자산	45.2	회사채	1.5
투자자산	8.8	장기차입금	14.3
유형자산	30.6	III. 자본	51.3
무형자산	3.2		
자산총계	99.0	부채및자본합계	99.0

자료 : 〈표 4-1〉

M기업의 유동비율은 186.8%이다. 일반적으로 제조기업의 유동비율이 130% 이상인 경우에 유동자산으로 유동부채(단기채무) 변제능력이 있는 것으로 평가하므로 M기업은 유동성을 확보한 것으로 보인다.

(2) 당좌비율

당좌비율(quick ratio)은 유동자산에서 재고자산을 차감한 당좌자산을 유동부채로 나눈 비율이다. 당좌비율은 유동비율과 비교하여 기업의 단기채무 지급 능력을 평가하기에 더욱 합리적인 재무비율이다. 당좌비율 공식은 〈그림 4-4〉와 같다.

재고자산은 판매과정을 거쳐야 현금화 가능하므로 현금 및 현금성자산, 단기투자자산 또는 매출채권과 비교하여 유동성이 낮다. 당좌비율은 기업의 단기채무 지급 능력을 직접적으로 평가하기 때문에 산성시험비율(acid test ratio)로 불린다.

당좌비율의 적정기준은 미국기업은 100%이고 국내는 80%이상인 경우에 유동성을 확보한 것으로 보고 있다.[40]

40) 김철중(2013), '재무제표를 활용한 기업분석', 명경사

<그림 4-4> 당좌비율 공식

$$당좌비율(\%) = \frac{당좌자산}{유동부채} \times 100 = \frac{(유동자산-재고자산)}{유동부채} \times 100$$

$$= \frac{(53.8-12.0)}{28.8} \times 100 = 145.1\%$$

<표 4-13> M기업의 재무상태표(당좌비율)

M기업 (12월 31일) (단위 : 억 원)

자산	금액	부채/자본	금액
I. 유동자산	53.8	I. 유동부채	28.8
현금 · 현금성자산	14.1	매입채무	5.2
매출채권	13.7	단기차입금	10.6
재고자산	12.0	II. 비유동부채	18.9
II. 비유동자산	45.2	회사채	1.5
투자자산	8.8	장기차입금	14.3
유형자산	30.6	III. 자본	51.3
무형자산	3.2		
자산총계	99.0	부채및자본합계	99.0

자료 : 〈표 4-1〉

M기업의 당좌비율은 145.1%이다. 국내는 실무기준으로 당좌비율이 80% 이상일 경우에 유동성을 확보한 것으로 평가하므로 M기업은 유동성을 확보한 것으로 보인다.

(3) 부채비율

부채비율(debt ratio)은 타인자본(부채)을 자기자본으로 나눈 비율이다. 부채비율의 적정기준은 정해진 것은 없으나 100% 이하를 표준비율로 한다. 일반적으로 부채와 자본이 1 : 1인 경우에 부채비율이 균형을 이룬 것으로 보고 있다. 부채비율 공식은 〈그림 4-5〉와 같다.

<그림 4-5> 부채비율 공식

$$부채비율(\%) = \frac{부채}{자기자본} \times 100 = \frac{(28.8+18.9)}{51.3} \times 100 = 93.0\%$$

<표 4-14> M기업의 재무상태표(부채비율)

M기업 (12월31일) (단위 : 억 원)

자산	금액	부채/자본	금액
I. 유동자산	53.8	I. 유동부채	28.8
현금 · 현금성자산	14.1	매입채무	5.2
매출채권	13.7	단기차입금	10.6
재고자산	12.0	II. 비유동부채	18.9
II. 비유동자산	45.2	회사채	1.5
투자자산	8.8	장기차입금	14.3
유형자산	30.6	III. 자본	51.3
무형자산	3.2		
자산총계	99.0	부채및자본합계	99.0

자료 : 〈표 4-1〉

M기업의 부채비율은 93.0%이다. M기업의 부채비율은 100% 이하이므로 부채와 자본 간에 균형을 이루고 있으며 채권자는 채권회수의 안정성을 확보할 수 있을 것으로 보인다.

(4) 차입금평균이자율

차입금평균이자율은 장 · 단기차입금과 회사채 등과 같은 이자발생부채에 대한 이자비용의 비율로 측정한다. 이자발생부채는 부채사용에 따른 이자를 지급하는 부채이다. 유동부채에서 매입채무는 외상으로 물건을 구매하여 1년 안에 상환해야 하는 부채이지만 채권자에게 이자를 지급하지 않으므로 차입금에 포함되지 않는다. 이자발생부채는 단기차입금, 장기차입금과 회사채가 포함된다. 차입금평균이자율의 공식은 〈그림 4-6〉과 같다.[41]

41) 이자비용과 세전순이익은 〈표 4-6〉 M기업의 손익계산서의 자료이다.

차입금의 이자비용은 1년에 걸쳐 발생하므로 차입금은 기초와 기말의 평균(평잔)을 사용한다. 본서는 편의상 당기의 차입금만 사용하였다. 차입금평균이자율이 기업세전순이익률을 초과하지 않을 경우에 차입자금을 효율적으로 사용하고 있다고 평가한다.[42]

<그림 4-6> 차입금평균이자율 공식

$$\text{차입금평균이자율(\%)} = \frac{\text{이자비용}}{\text{(장단기차입금+사채)평잔}} \times 100$$

$$= \frac{1.0}{(10.6+14.3)+1.5} \times 100 = 3.8\%$$

$$\text{기업세전순이익율(\%)} = \frac{\text{세전순이익} + \text{이자비용}}{\text{총자산(평잔)}} \times 100$$

$$= \frac{3.1 + 1.0}{99.0} \times 100 = 4.1\%$$

<표 4-15> M기업의 재무상태표(차입금평균이자율)

M기업 (12월31일) (단위 : 억 원)

자산	금액	부채/자본	금액
I. 유동자산	53.8	I. 유동부채	28.8
현금 · 현금성자산	14.1	매입채무	5.2
매출채권	13.7	단기차입금	10.6
재고자산	12.0	II. 비유동부채	18.9
II. 비유동자산	45.2	회사채	1.5
투자자산	8.8	장기차입금	14.3
유형자산	30.6	III. 자본	51.3
무형자산	3.2		
자산총계	99.0	부채및자본합계	99.0

자료 : 〈표 4-1〉

42) 김철중(2013), '재무제표를 활용한 기업분석', 명경사

M기업의 차입금평균이자율은 3.8%이고 기업세전순이익율은 4.1%로 산출된다. M기업의 차입금평균이자율이 기업세전순이익율을 초과하지 않고 있어서 아직은 차입금을 효율적으로 사용하고 있는 것으로 보인다.

(5) 이자보상비율

부채비율은 일정시점의 부채의존도 정보만을 제공하고 부채 사용의 적정성은 제공하지 않는다. 기업이 부채를 많이 사용하여 타인자본 의존도가 높아도 영업이익으로 이자비용을 충분히 커버한다면 단기적으로 기업의 높은 부채비율은 문제가 되지 않을 것이다.

이자보상비율(times interest earned)은 영업이익을 이자비용으로 나누어서 측정한다. 이자보상비율 공식은 〈그림 4-7〉과 같다. 이자보상비율은 부채 사용에 따른 이자비용의 지급능력을 측정한다. 이자보상비율의 적정기준은 3배이다.[43] 이자보상비율이 적어도 3배 이상은 되어야 기업은 이자비용을 정상적으로 지급하고 원금 일부를 원활히 상환할 수 있으며 주주에게 배당할 수 있다고 본다.

<그림 4-7> 이자보상비율 공식

$$\text{이자보상비율(배)} = \frac{\text{영업이익}}{\text{이자비용}} = \frac{3.8}{1} = 3.8\text{(배)}$$

43) 김철중(2013), '재무제표를 활용한 기업분석', 명경사

<표 4-16> M기업의 손익계산서(이자보상비율)

M기업 (1월1일~12월31일) (단위 : 억 원)

항목	금액
매출액	66.1
-매출원가	45.8
매출총이익	20.3
-판매비와관리비	16.5
영업이익	3.8
+영업외수익	3.7
-영업외비용	4.4
이자비용	1.0
법인세차감전순이익(= 세전순이익)	3.1
-법인세비용	0.7
당기순이익	2.4

자료 : 〈표 4-6〉

M기업의 이자보상비율은 3.8배이다. 이자보상비율이 3배 이상일 경우 원리금을 원활히 상환하고 주주에게 배당할 수 있는 것으로 평가하므로 M기업은 단기적으로 부채사용의 적절성을 확보한 것으로 보인다.

연습문제 01 유동성 분석

다음은 DI기업의 재무상태표이다. 유동비율과 당좌비율을 계산하고 표준비율과 비교하시오(괄호는 표준비율).

① 유동비율(130%) ② 당좌비율(80%)

<표 01> 재무상태표

DI기업 (12월31일) (단위 : 백만 원)

현금	364	매입채무	166
매출채권	128	단기차입금	647
재고자산	602	장기차입금	300
비유동자산	1,155	자본	1,125
자산총계	2,540	부채와자본총계	2,540

▼ 연습문제풀이

DI기업의 유동비율은 134.6%로 표준비율과 비교하여 양호한 수준이고 당좌비율은 60.5%로 표준비율과 비교하여 불량한 수준이다. DI기업은 유동비율만 고려할 경우에 유동자산으로 유동부채(매입채무와 단기차입금 등)의 변제능력을 확보한 것으로 보인다. 반면, 당좌비율이 표준비율보다 낮게 나타나고 있어서 실질적으로 유동성을 확보하지 못한 것으로 평가된다. 이는 DI기업이 재고자산을 과다하게 보유하고 있기 때문이다. 따라서 DI기업은 재고자산을 신속히 처분하여 현금과 매출채권을 더 많이 확보하여야 할 것으로 판단된다.

$$\text{유동비율}(\%) = \frac{\text{유동자산}}{\text{유동부채}} \times 100 = \frac{(364+128+602)}{(166+647)} \times 100 = 134.6\%$$

$$\text{당좌비율}(\%) = \frac{\text{당좌자산}}{\text{유동부채}} \times 100 = \frac{(\text{유동자산}-\text{재고자산})}{\text{유동부채}} \times 100$$

$$= \frac{(1094-602)}{(166+647)} \times 100 = 60.5\%$$

구분	산식	비율	표준비율	판단
유동비율	(유동자산)/유동부채×100	134.6%	130%	양호
당좌비율	(유동자산–재고자산)/유동부채×100	60.5%	80%	불량

연습문제 02 재무안정성 사례

다음은 DI기업의 재무상태표와 손익계산서이다. 부채비율, 차입금평균이자율, 이자보상비율을 산출하고 표준비율과 비교하시오(괄호는 표준비율).

① 부채비율(100%) ② 기업세전순이익율(4.1%) ③ 이자보상비율(3배)

<표 01> 재무상태표

DI기업 (12월31일) (단위 : 백만 원)

현금	364	매입채무	166
매출채권	128	단기차입금	647
재고자산	602	장기차입금	300
비유동자산	1,155	자본	1,125
자산총계	2,540	부채와자본총계	2,540

<표 02> 손익계산서

DI기업 (1월1일~12월31일) (단위 : 백만 원)

매출액	1,828
−매출원가	1,237
매출총이익	591
−판관비	555
영업이익	35
+이자수익	4
−이자비용	25
세전순이익	52
−법인세	16
당기순이익	36

▼ 연습문제풀이

DI기업의 부채비율은 98.9%이고 차입금평균이자율은 2.6%로 표준비율과 비교하여 양호하고 이자보상비율은 1.4배로 표준비율 대비 불량하다. 부채비율은 100%이하로 부채와 자기자본 간에 균형을 이루고 있으며 차입금평균이자율(2.6%)은 기업세전순이익율(4.1%)와 비교하여 크지 않아서 아직은 타인자본을 효율적으로 사용하고 있는 것으로 보인다.

한편, 이자보상비율이 1.4배로 표준비율인 3배와 비교하여 50% 수준으로 낮아서 영업활동으로부터 얻은 영업이익으로 원리금 상환과 주주 보상에 어려움이 있을 것으로 보인다. 따라서 DI기업은 단기적 부채사용의 적정성을 나타내는 이자보상비율을 높이기 위해 차입금을 신속히 상환해야 할 것으로 판단된다.

$$\text{부채비율(\%)} = \frac{\text{부채}}{\text{자기자본}} \times 100 = \frac{(166+647+300)}{1125} \times 100 = 98.9\%$$

$$\text{차입금평균이자율(\%)} = \frac{\text{이자비용}}{\text{(장단기차입금+사채)평잔}} \times 100$$

$$= \frac{25}{(647+300)} \times 100 = 2.6\%$$

$$\text{이자보상비율(배)} = \frac{\text{영업이익}}{\text{이자비용}} = \frac{35}{25} = 1.4\text{(배)}$$

구분	산식	비율	표준비율	판단
부채비율	(유동부채+비유동부채)/자기자본	98.9%	100%	양호
차입금평균이자율	이자비용/(단기차입금+장기차입금+회사채)	2.6%	기업세전순이익율(4.1%)	양호
이자보상비율	영업이익/이자비용	1.4배	3배	불량

4.3.2 수익성 분석

수익성 분석은 일정기간의 기업활동의 경영성과를 종합적으로 측정한다. 수익성은 매출수익성과 자본수익성으로 구성된다. 매출수익성의 재무비율은 매출액총이익률, 매출액영업이익률, 매출액순이익률이 있고 자본수익성은 총자산순이익률과 자기자본순이익률 등이 있다.

(1) 매출액총이익률

매출액총이익률은 매출총이익을 매출액으로 나눈 비율로 기업의 생산마진(production margin)을 측정한다. 매출액총이익률 공식은 〈그림 4-8〉과 같다.

<그림 4-8> 매출액총이익률 공식

$$\text{매출액총이익률(\%)} = \frac{\text{매출총이익}}{\text{매출액}} \times 100 = \frac{20.3}{66.1} \times 100 = 30.7\%$$

<표 4-17> M기업의 손익계산서(매출액총이익률)

M기업 (1월1일~12월31일) (단위 : 억 원)

매출액	66.1
-매출원가	45.8
매출총이익	20.3
-판매비와관리비	16.5
영업이익	3.8
+영업외수익	3.7
-영업외비용	4.4
이자비용	1.0
법인세차감전순이익(= 세전순이익)	3.1
-법인세비용	0.7
당기순이익	2.4

자료 : 〈표 4-6〉

M기업의 매출액총이익률은 30.7%이다. 매출액 66.1억 원 중에서 생산관련 비용 45.8억 원을 지출하고 매출총이익 20.3억 원을 실현하였다. M기업은 매출총이익 20.3억 원을 제품을 판매하고 기업을 관리(판매관리비)하며 이자비용 등을 지급하기 위해 사용한다. 매출액 66.1억 원에서 매출원가인 45.8억 원이 차지하는 비중은 매출원가율이다. 매출원가율은 1에서 매출액총이익률을 차감하여 산출한다.

<그림 4-9> 매출원가율 공식

$$\text{매출원가율(\%)} = \frac{\text{매출원가}}{\text{매출액}} \times 100 = \frac{45.8}{66.1} \times 100 = 69.3\%$$

$$\text{매출원가율(\%)} = 1 - \text{매출총이익률} = 1 - 30.7\% = 69.3\%$$

(2) 매출액영업이익률

매출액영업이익률은 영업이익을 매출액으로 나눈 비율로 기업의 정상적인 영업활동(제조+판매/관리)의 영업마진(operating margin)을 측정한다. 매출액영업이익률 공식은 〈그림 4-10〉과 같다.

<그림 4-10> 매출액영업이익률 공식

$$\text{매출액영업이익률(\%)} = \frac{\text{영업이익}}{\text{매출액}} \times 100 = \frac{3.8}{66.1} \times 100 = 5.7\%$$

<표 4-18> M기업의 손익계산서(매출액영업이익률)

M기업 (1월1일~12월31일) (단위 : 억 원)

매출액	66.1
-매출원가	45.8
매출총이익	20.3
-판매비와관리비	16.5
영업이익	3.8

+영업외수익	3.7
−영업외비용	4.4
이자비용	1.0
법인세차감전순이익(= 세전순이익)	3.1
−법인세비용	0.7
당기순이익	2.4

자료 : 〈표 4−6〉

M기업의 매출액영업이익률은 5.7%이다. 매출액 66.1억 원 중에서 생산관련비용인 매출원가(45.8억 원)와 판매관리비(16.5억 원)에 지출하고 영업이익 3.8억 원을 실현하였다. 영업이익 3.8억 원은 차입금 이자비용과 법인세 등을 지급하기 위해 사용된다.

(3) 매출액순이익률

매출액순이익률은 당기순이익을 매출액으로 나눈 비율이다. 기업의 영업활동, 재무활동 및 기타활동에서 창출된 종합적인 성과를 측정하는 비율이다. 매출액순이익률 공식은 〈그림 4−11〉과 같다.

<그림 4-11> 매출액순이익률 공식

$$\text{매출액순이익률(\%)} = \frac{\text{순이익}}{\text{매출액}} \times 100 = \frac{2.4}{66.1} \times 100 = 3.6\%$$

<표 4-19> M기업의 손익계산서(매출액순이익률)

M기업 (1월1일~12월31일) (단위 : 억 원)

매출액	66.1
−매출원가	45.8
매출총이익	20.3
−판매비와관리비	16.5
영업이익	3.8

+영업외수익	3.7
−영업외비용	4.4
이자비용	1.0
법인세차감전순이익(= 세전순이익)	3.1
−법인세비용	0.7
당기순이익	2.4

자료 : 〈표 4−6〉

M기업의 매출액순이익률은 3.6%이다. 매출액순이익률이 3.6%는 매출액에서 매출원가, 판매관리비, 이자비용, 법인세 등을 차감하고 영업외수익을 가산한 최종마진이다.

(4) 총자본영업이익률

총자본영업이익률(또는 총자산영업이익률)은 기업이 투자한 총자본(부채+자본)에 대해 영업활동으로부터 얻은 영업이익의 비율을 측정한다. 총자본영업이익률 공식은 〈그림 4−12〉와 같다.

<그림 4−12> 총자본영업이익률 공식

$$\text{총자본영업이익률(\%)} = \frac{\text{영업이익}}{\text{총자본(평잔)}} \times 100 = \frac{3.8}{99} = 3.8\%$$

<표 4-20> M기업의 총자본영업이익률

손익계산서
(1월1일 ~ 12월31일)

M기업 (단위 : 억 원)

항목	금액
매출액	66.1
-매출원가	45.8
매출총이익	20.3
-판매비와관리비	16.5
영업이익	3.8
+영업외수익	3.7
-영업외비용	4.4
법인세차감전순이익 (= 세전순이익)	3.1
-법인세비용	0.7
당기순이익	2.4

재무상태표
(12월 31일)

M기업 (단위 : 억 원)

유동자산	53.8	유동부채	28.8
		비유동부채	18.9
비유동자산	45.2		
		자본	51.3
총자산	99.0	총자본	99.0

M기업의 총자본영업이익률은 3.8%이다. 이는 채권자와 주주가 제공한 총자본의 투자수익률이 3.8%라는 의미이다. M기업의 총자본영업이익률(3.8%)과 차입금평균이자율(3.8%)은 유사한 수준으로 차입금을 효율적으로 사용하기에 점점 어려워지고 있는 것으로 보인다.[44)]

44) 〈그림 4-6〉에서 M기업의 차입금평균이자율은 3.8%이다.

(5) 총자본순이익률

총자본순이익률(Retrun On Investment : ROI)은 총자산순이익률이다. ROI는 기업에 투자된 총자본이 얼마나 이익을 창출하는지를 측정한다. 총자본순이익률 공식은 〈그림 4-13〉과 같다.

<그림 4-13> 총자본순이익률 공식

$$\text{총자본순이익률}(\%) = \frac{\text{순이익}}{\text{총자본(평잔)}} \times 100 = \frac{2.4}{99} = 2.4\%$$

<표 4-21> M기업의 총자본순이익률

손익계산서 (1월1일~12월31일)

M기업 (단위 : 억 원)

항목	금액
매출액	66.1
-매출원가	45.8
매출총이익	20.3
-판매비와관리비	16.5
영업이익	3.8
+영업외수익	3.7
-영업외비용	4.4
법인세차감전순이익 (= 세전순이익)	3.1
-법인세비용	0.7
당기순이익	2.4

재무상태표 (12월 31일)

M기업 (단위 : 억 원)

유동자산	53.8	유동부채	28.8
		비유동부채	18.9
비유동자산	45.2	자본	51.3
총자산	99.0	총자본	99.0

M기업의 총자본(총자산)순이익률은 2.4%이다. 총자산순이익률 2.4%는 기업에 투자된 총자본 99억 원에 대해 최종적으로 2.4%의 자본수익률이 창출되었다는 의미이다.

연습문제 03 수익성 사례

다음은 DM기업의 재무상태표와 손익계산서이다. 다음의 주요비율을 산출하고 산업평균(표준비율)과 비교하시오. DM기업의 이익률이 낮은 원인을 규명하시오.

<표 01> 재무상태표

DM기업

(단위 : 백만 원)

현금	364	매입채무	166
매출채권	128	단기차입금	647
재고자산	602	장기차입금	300
유형자산	831	자본	1,125
자산총계	2,540	부채와자본총계	2,540

<표 02> 손익계산서

DM기업

(단위 : 백만 원)

매출액	1,828
－매출원가	1,237
매출총이익	591
－판매비와관리비	555
영업이익	35
＋영업외수익	73
이자수익	4
－영업외비용	57
이자비용	25
법인세비용차감전순이익(= 세전순이익)	52
－법인세비용	16
당기순이익	36

<표 03> 산업평균(표준비율)

1) 매출액총이익률	30.7%
2) 매출액영업이익률	5.7%
3) 매출액순이익률	3.6%
4) 총자본영업이익률	3.8%
5) 총자본순이익률	2.4%
6) 유동비율	186.8%
7) 당좌비율	145.1%
8) 부채비율	93.0%
9) 이자보상비율(배)	3.8배

▼ 연습문제풀이

DM기업의 주요 재무비율은 〈표 04〉와 같다. 수익성비율인 매출액총이익율은 32.3%로 산업평균대비 양호하고 매출액영업이익률(1.9%), 매출액순이익율(2.0%), 총자본영업이익률(1.4%) 그리고 총자본순이익률(1.4%)은 산업평균대비 불량하다. 재무안정성 비율인 유동비율과 당좌비율은 각각 134.6%, 60.5%로 산업평균 대비 불량하다. 단기적인 부채사용의 적정성을 측정하는 이자보상비율은 1.4배로 산업평균대비 불량하다. 특히 당좌비율은 산업평균의 40% 수준이고 이자보상비율은 50% 수준으로 현저히 낮게 나타나고 있다.

DM기업은 매출액총이익률은 산업평균대비 양호하여 생산마진은 높지만 당좌비율이 낮아서 유동성에 어려움을 겪고 있을 것으로 보인다. 이는 재고자산을 많이 보유하고 있기 때문이다. 이자보상비율은 1.4배로 영업활동으로부터 얻은 영업이익으로 차입금의 원리금 상환과 주주 배당에 어려움이 있을 것으로 보이고 과도한 이자비용 지급으로 수익성이 낮은 것으로 분석된다.

따라서 DM기업은 단기적인 재무안정성을 개선하기 위해 재고자산을 처분하여 유동성을 확보하고 장단기차입금을 신속히 상환하여 이자비용을 줄여서 수익성을 개선해야 할 것으로 판단된다.

<표 04> DM 기업의 주요 재무비율

구분	공식	산출	비율	산업평균	판정
1) 매출액총이익률	매출총이익/매출액	=(591/1828) × 100	32.3%	30.7%	양호
2) 매출액영업이익률	영업이익/매출액	=(35/1828) × 100	1.9%	5.7%	불량
3) 매출액순이익률	순이익/매출액	=(36/1828) × 100	2.0%	3.6%	불량
4) 총자본영업이익률	영업이익/총자본	=(35/2540) × 100	1.4%	3.8%	불량
5) 총자본순이익률	순이익/총자본	=(36/2540) × 100	1.4%	2.4%	불량
6) 유동비율	유동자산/유동부채	=(364+128+602)/(166+647) × 100	134.6%	186.8%	불량
7) 당좌비율	당좌자산/유동부채	=[(364+128+602)−602)/(166+647)] × 100	60.5%	145.1%	불량
8) 부채비율*	(유동부채+비유동부채)/자기자본	=[(166+647+300)/1125] × 100	98.9%	93.0%	불량
9) 이자보상비율	(영업이익/이자비용)	=(35/25)	1.4배	3.8배	불량

* 부채비율은 낮을수록 양호하다.

4.3.3 활동성 분석

기업이 자원을 효율적으로 사용할수록 수익성은 증가할 것이다. 활동성 분석은 기업이 보유한 자원 활용의 효율성을 측정한다. 활동성은 매출액을 자원으로 나눈 비율이다. 자원은 재무상태표의 총자산, 재고자산, 매출채권 및 매입채무 등이 있다.

매출액은 회계기간 동안의 영업수익이므로 분자의 자원은 기말과 기초의 평잔을 사용해야 하지만 편의상 당해년도 재무상태표의 금액을 사용하였다. M기업의 재무상태표와 손익계산서는 〈표 4−22〉와 〈표 4−23〉과 같다.

<표 4−22> 재무상태표

M기업 (12월31일) (단위 : 억 원)

자산	금액	부채/자본	금액
I. 유동자산	53.8	I. 유동부채	28.8
현금 · 현금성자산	14.1	매입채무	5.2
매출채권	13.7	단기차입금	10.6
재고자산	12.0	II. 비유동부채	18.9
II. 비유동자산	45.2	회사채	1.5
투자자산	8.8	장기차입금	14.3
유형자산	30.6	III. 자본	51.3
무형자산	3.2		
자산총계	99.0	부채및자본합계	99.0

자료 : 〈표 4−1〉

<표 4-23> 손익계산서

M기업 (1월1일~12월31일) (단위 : 억 원)

매출액	66.1
-매출원가	45.8
매출총이익	20.3
-판매비와관리비	16.5
영업이익	3.8
+영업외수익	3.7
-영업외비용	4.4
이자비용	1.0
법인세차감전순이익(= 세전순이익)	3.1
-법인세비용	0.7
당기순이익	2.4

주 : 총감가상각비는 1.6억원

자료 : 〈표 4-6〉

(1) 총자산회전율

총자산회전율(총자본회전율)은 매출액을 총자산으로 나눈 비율이다. 기업이 투자한 총자산(총자본)의 활용도를 측정한다. 총자산회전율 공식은 〈그림 4-14〉와 같다.

<그림 4-14> 총자산회전율 공식

$$\text{총자산회전율} = \frac{\text{매출액}}{\text{총자본(평잔)}} = \frac{66.1}{99.0} = 0.67(\text{회전})^{45)}$$

총자산회전율과 관련비율은 총자산회전기간이다. 총자산회전기간은 기업이 보유한 총자산만큼 매출을 실현하는데 걸리는 기간이다. 총자산회전기간은 총자산회전율의 역수로 산출한다. 총자산회전기간 공식은 〈그림 4-15〉와 같다.

45) 소수셋째자리에서 반올림함

<그림 4-15> 총자산회전기간 공식

$$총자산회전기간 = \frac{1}{총자산회전율} = \frac{1}{0.67} = 1.49(년)$$

$$총자산회전기간 = \frac{1}{총자산회전율} = \frac{1}{0.67} = 1.49(년)$$
$$= 1.5년 \times 365일 = 544.8(일)$$

M기업의 총자산회전율은 0.67회전이고, 총자산회전기간은 1.49(년)이다. M기업은 현재 보유한 총자산 99.0억 원 만큼의 매출을 실현하는데 1.49년이 소요되고 일 기준으로 환산하면 544.8일이다. M기업의 총자산회전율이 높을수록 보유한 자원을 효율적으로 사용하고 있다는 의미이다.

(2) 재고자산회전율

재고자산회전율은 매출액을 재고자산으로 나눈 비율이다. 재고자산회전율은 재고의 판매속도를 측정한다. 재고자산회전율이 높을수록 재고가 빨리 판매된다는 의미이다. 재고자산이 많으면 자금이 재고에 묶여 있어서 유동성이 낮아지고 재고가 부족하면 판매 기회를 잃어버려 수익(매출) 창출이 어렵게 되므로 적정 재고수준을 유지해야 한다.[46] 재고자산회전율 공식은 〈그림 4-16〉과 같다.

<그림 4-16> 재고자산회전율 공식

$$재고자산회전율 = \frac{매출액}{재고자산(평잔)} = \frac{66.1}{12} = 5.51(회전)$$

재고자산회전율과 관련비율은 재고자산회전기간이다. 재고자산회전기간은 재고자산만큼 매출액을 실현하기 위한 기간이다. 재고자산회전기간이 길어질수록 기업은 자금압박을 받게 된다. 재고자산회전기간은 재고자산회전율의 역수로 산출한다. 재고자산회전기간 공식은 〈그림 4-17〉과 같다.

46) 백복현 · 장귀화 · 최종학(2022), '재무제표분석과 기업가치평가' 4판, 박영사

<그림 4-17> 재고자산회전기간 공식

$$재고자산회전기간 = \frac{1}{재고자산회전율} = \frac{1}{5.51} = 0.18(년)$$

$$재고자산회전기간 = \frac{1}{재고자산회전율} = \frac{1}{5.51} = 0.18(년)$$
$$= 0.18 \times 365(일) = 65.7(일)$$

M기업의 재고자산회전율은 5.51회전으로 1년 동안에 재고자산의 5.51배 만큼의 매출을 실현하였다. 재고자산회전기간은 0.18(년)이고 일기준으로 환산하면 65.7(일)이다. 재고자산 12억 원 만큼의 매출을 실현하는데 65.7일이 소요된다는 의미이다. M기업의 재고자산회전기간이 길어질수록 자금압박을 많이 받게 된다.

(3) 매출채권회전율

매출채권회전율은 매출액을 매출채권으로 나눈 비율이다. 매출채권회전율은 기업의 매출채권 회수하는 능력을 측정한다. 매출채권회전율이 높을수록 매출채권의 현금화 속도가 빨라져서 기업은 자금압박을 덜 받게 된다. 매출채권회전율 공식은 〈그림 4-18〉과 같다.

<그림 4-18> 매출채권회전율 공식

$$매출채권회전율 = \frac{매출액}{매출채권(평잔)} = \frac{66.1}{13.7} = 4.82(회전)$$

매출채권회전율과 관련 비율은 매출채권회수기간이다. 매출채권회수기간은 현금을 회수하기 전에 매출채권을 보유한 기간이다. 매출채권회수기간은 매출채권회전율의 역수로 산출한다. 매출채권회수기간 공식은 〈그림 4-19〉와 같다.

<그림 4-19> 매출채권회수기간 공식

$$매출채권회수기간 = \frac{1}{매출채권회전율} = \frac{1}{4.82} = 0.21(년) = 0.21 \times 365(일)$$
$$= 76.7(일)$$

M기업의 매출채권회전율은 4.82회전이고, 매출채권회수기간은 0.21(년)이다. M기업이 매출채권 13.7억 원 만큼의 매출을 실현하는데 0.21년이 소요되고 일기준으로 환산하면 76.76(일)이다. M기업은 매출채권회수기간이 길어질수록 자금압박을 많이 받게 된다.

(4) 매입채무회전율

매입채무회전율은 매출액을 매입채무로 나눈 비율이다. 매입채무회전율은 매입채무의 지급 속도를 측정한다. 매입채무가 원활히 결재되고 있는지를 나타내는 지표이다. 매입채무회전율 공식은 〈그림 4-20〉과 같다.

<그림 4-20> 매입채무회전율 공식

$$\text{매입채무회전율} = \frac{\text{매출액}}{\text{매입채무(평잔)}} = \frac{66.1}{5.2} = 12.71(\text{회전})$$

매입채무회전율과 관련비율은 매입채무회전기간이다. 기업입장에서 매입채무회전기간이 길수록 자금압박을 덜 받고 짧을수록 자금압박을 더 받을 것이다.

매입채무는 상품공여자(채권자)의 신용을 사용하는 것이고 매입채무 지급은 현금유출이다. 한편, 상품공여자(채권자)는 거래기업의 매입채무는 매출채권이 된다. 매입채무가 제때에 지급되지 않아서 상품공여자가 파산하면 거래기업도 어려운 상황에 처하게 된다. 따라서 매입채무회전기간을 무작정 늘리기보다는 매입채무회전기간과 매출채권회수기간 간에는 균형을 이루도록 신용정책을 수립해야 한다.

매입채무회전기간은 매입채무회전율의 역수로 산출한다. 매입채무회전기간 공식은 〈그림 4-21〉과 같다.

<그림 4-21> 매입채무회전기간 공식

$$매입채무회전기간 = \frac{1}{12.71} = 0.08(년)$$

$$매입채무회전기간 = \frac{1}{12.71} = 0.08(년) = 0.08 \times 365(일) = 29.2(일)$$

M기업의 매입채무회전율은 12.71회전이고, 매입채무회전기간은 0.08(년)이다. M기업이 매입채무 5.2억 원 만큼의 매출을 실현하는데 0.08년이 소요되고 일기준으로 환산하면 29.2(일)이다. 매입채무회전기간이 길어질수록 자금압박을 덜 받게 된다.

(5) 1회전운전기간과 1회전운전자본

기업은 영업활동(생산 · 판매관리)을 하기위해 시설자산을 갖추어야 하고 시설자산에 투자된 자금은 시설자본이다. 시설자산은 제품을 제조하기 위한 건축물과 공장설비 등으로 대부분 유형자산이다. 시설을 갖춘 후에 정상적인 영업활동을 위해서는 운영자금이 필요하고 이는 운전자본(working capital)이다. 운전자본과 관련 비율은 1회전운전기간과 1회전운전자본이다.

1회전운전기간과 1회전운전자본은 현금전환주기에서 도출된 개념이다. 현금전환주기는 기업이 시설자산을 갖춘 후에 원재료 구매를 위해 현금을 지급하고, 제품을 생산하고 판매하여 현금이 회수되기까지 걸리는 기간이다.[47] 현금전환주기는 〈그림 4-22〉와 같다. 1회전운전기간은 기업이 시설을 갖춘 후에 생산 · 판매하여 현금을 회수하는데 걸리는 기간이고 1회전운전자본은 1회전운전기간에 소요되는 자금이다.

47) 김범석(2019.7.3.), '회계공부는 난생 처음입니다만', 메이트북스

<그림 4-22> 현금전환주기

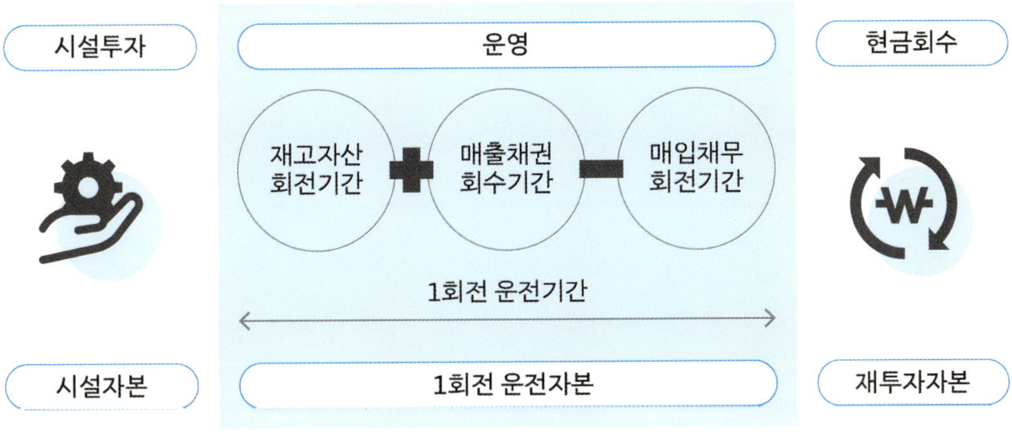

자료 : 김철중(2018), '기업가치 중심의 경영분석', 명경사. 저자 재구성

1회전운전기간은 재고자산회전기간에 매출채권회수기간을 가산하고 매입채무회전기간을 차감하여 산출한다. 1회전운전기간 공식은 〈그림 4-23〉과 같다.

재고자산회전기간과 매출채권회수기간은 자금이 묶여 있는 기간이고 매입매무회전기간은 채권자의 신용을 제공받은 자금사용 기간이다. 1회전운전기간이 길어지면 기업이 제품을 생산하여 판매한 후에 현금으로 회수하는 기간이 길다는 의미로 자금압박을 받게 된다. 기술가치평가의 수익접근법(DCF)에서 1운전운전기간은 운전자본소요율로 사용된다.

<그림 4-23> 1회전운전기간 공식

1회전운전기간(운전자본소요율)

= 재고자산회진기간 + 매출채권회수기간 − 매입채무회전기간

$$1회전운전기간(운전자본소요율) = \frac{1}{재고자산회전율} + \frac{1}{매출채권회전율} - \frac{1}{매입채무회전율}$$

$$= \frac{1}{5.51} + \frac{1}{4.83} - \frac{1}{12.67} = 0.31(년)$$

$$1회전운전기간 = \frac{1}{재고자산회전율} + \frac{1}{매출채권회전율} - \frac{1}{매입채무회전율}$$

$$= \frac{1}{5.51} + \frac{1}{4.83} - \frac{1}{12.67} = 0.31(년) \times 365일 = 113.2(일)$$

M기업의 1회전운전기간은 0.31(년)이다. 1회전운전기간을 일기준으로 환산하면 113.2(일)이다. M기업은 시설을 구축한 후에 원재료 등을 구매하여 생산, 판매, 회수 활동으로 현금을 회수하기까지 113.2(일)이 걸릴 것으로 추산된다.

1회전운전자본은 1회전운전기간 동안에 소요되는 자본이다. 1회전운전자본은 매출액에서 영업이익과 감가상각비를 차감하고 1회전운전기간(년)을 곱하여 산출한다. 1회전운전자본 산출 공식은 〈그림 4-24〉와 같다.

<그림 4-24> 1회전운전자본 공식

$$1회전운전자본 = (매출액 - 영업이익 - 감가상각비) \times 1회전운전기간(년)$$

$$= (66.1 - 3.8 - 1.6) \times 0.31(년) = 18.82(억원)$$

M기업의 1회전운전기간은 0.31(년)이고 일기준으로 환산하면 113.2(일)이다. M기업은 시설을 구축한 후에 원재료 등을 구매하여 생산과 판매활동을 통해 현금을 회수하기까지 113.2(일)이 소요되고 1회전운전기간(113.2일) 동안에 구매-생산-판매-회수 활동에 필요한 운전자본은 18.82억 원으로 추정된다.

일반적으로 은행의 기업 대출은 운전자금과 시설자금으로 구분된다. 1회전운전자본은 운영자금 대출의 한도액 설정의 기준이 되고 시설자금 대출은 기업의 시설자산 규모를 기준으로 대출이 이루어진다.[48] 한편, 스타트업은 대부분 설립 후 몇 년 동안에 매출이 발생하지 않는다. 매출이 발생하지 않는 경우 1회전운전기간과 운전자본은 한국은행 등에서 발표하는 동업종의 평균적인 재무 자료를 통해 1회전운전기간과 운전자본을 산출하여 대용치로 사용한다.

48) 김철중(2018), '기업가치 중심의 경영분석', 명경사

연습문제 04 활동성 사례

다음은 DH기업의 재무상태표와 손익계산서이다. 주요 활동성비율과 1회전운전기간과 1회전운전자본을 산출하고 산업평균과 비교하시오.

<표 01> 재무상태표

DH기업 (12월31일) (단위 : 백만 원)

현금	364	매입채무	166
단기투자자산	97	단기차입금	300
매출채권	200	장기차입금	647
재고자산	600	자본금	296
비유동자산	1,155	자본잉여금	431
자산총계	2,540	부채와자본총계	2,540

<표 02> 손익계산서

DH기업 (1월1일~12월31일) (단위 : 백만 원)

매출액	1,828
−매출원가	1,237
매출총이익	591
−판매비와관리비	555
영업이익	35
+영업외수익	73
이자수익	4
−영업외비용	57
이자비용	25
법인세비용차감전순이익(= 세전순이익)	52
−법인세비용	16
당기순이익	36

* 총감가상각비는 : 32백만 원

<표 03> 산업평균

총자산회전율	0.67회전
재고자산회전율	5.51회전
매출채권회전율	4.82회전
매입채무회전율	12.71회전

▼ 연습문제풀이

1) 활동성비율

DH기업의 주요 활동성비율은 〈표 04〉와 같다. DH기업의 총자산회전율은 0.72회전으로 산업평균대비 양호하고, 재고자산회전율은 3.05회전으로 불량하다. 매출채권회전율은 9.14회전으로 산업평균 대비 양호하다. 매입채무회전율은 11.02회전으로 산업평균대비 불량하게 나타났으나 DH기업 입장에서 매입채무를 늦게 지급하여 자금압박을 덜 받을 것이므로 양호한 것으로 판정하였다.

매출채권과 매입채무의 균형을 살펴보면 산업평균은 매출채권회전율(4.82)과 매입채무회전율(12.71)이 균형을 이루지 못하고 있으나 DH기업은 매출채권회전율(9.14)과 매입채무회전율(11.01) 간에 균형을 이루고 있어서 건전한 여신정책을 시행하고 있는 것으로 보인다. DH기업의 재고자산회전율은 3.05회전이고 산업평균은 5.51회전으로 산업평균 대비 55% 수준으로 재고자산회전율이 낮아서 자금압박을 받고 있을 것으로 보인다.

2) 1회전운전기간과 1회전운전자본

DH기업의 1회전운전기간은 0.35년(127.8일)이고 산업평균은 0.31년(113.2일)으로 산업평균 대비 14.6일이 긴 것으로 나타나고 있어서 동업종과 비교하여 운전자금에 어려움을 겪고 있을 것으로 보인다. DH기업의 1회전운전기간(127.8일) 동안에 구입 · 생산 · 판매 · 회수에 소요되는 1회전운전자본은 616백만 원으로 추정된다.

① 산업평균의 1회전운전기간

1회전운전기간 = 1/5.51 + 1/4.83 − 1/12.71 = 0.31(년)
= 0.31(년) × 365 = 113.2(일)

② DH기업의 1회전운전기간

1회전운전기간 = 1/재고자산회전율 + 1/매출채권회전율 − 1/매입채무회전율
= 1/3.05 + 1/9.14 − 1/11.01 = 0.35(년)
= 0.35(년) × 365 = 127.8(일)

③ DH기업의 1회전운전자본

1회전운전자본 = (매출액−영업이익−감가상각비) × 1회전운전기간(년)
= (1,828−35−32) × 0.35 = 616(백만 원)

<표 04> DH 기업의 주요 활동성비율

구분	공식	산출	비율	산업평균	판정
1) 총자산회전율	매출액/총자산(평잔)	=1828/2540	0.72회전	0.67회전	양호
2) 재고자산회전율	매출액/재고자산(평잔)	=1828/600	3.05회전	5.51회전	불량
3) 매출채권회전율	매출액/매출채권(평잔)	=1828/200	9.14회전	4.82회전	양호
4) 매입채무회전율	매출액/매입채무(평잔)	=1828/166	11.01회전	12.71회전	양호 (기업입장)
5) 총자산회전기간	1/총자사회전율	=1/0.72	1.39년	1.49년	양호
6) 재고자산회전기간	1/재고자산회전율	=1/3.05	0.33년	0.18년	불량
7) 매출채권회수기간	1/매출채권회전율	=1/9.14	0.11년	0.21년	양호
8) 매입채무회전기간	1/매입채무회전율	=1/11.01	0.09년	0.08년	양호 (기업입장)

4.3.4 성장성 분석

성장성 분석은 당년도 경영 규모 및 성과가 전년대비 증감한 정도를 측정한다. 성장성비율은 기업의 경쟁력, 성장잠재력 및 수익창출능력에 대한 간접적인 정보를 제공하는 지표이다.[49] 성장성을 측정하기 위한 M기업의 전년도와 당년도 회계자료는 〈표 4－24〉와 같다.

<표 4－24> M기업의 주요 회계자료

(단위 : 억 원)

연도	매출액	순이익	총자산	자기자본
전년도	63.3	3.0	90.4	48.2
당년도	66.1	2.4	99.0	51.3

(1) 매출액증가율

매출액증가율은 매출액이 전년대비 당년에 증가한 정도를 측정한다. 매출액증가율은 전년대비 당년의 매출증가분을 전년도 매출액으로 나눈 값으로 산출한다. 매출액증가율 공식은 〈그림 4－22〉와 같다. 매출액은 정상적인 영업활동(생산·판매관리)를 통해 창출되는 영업수익이다. 매출액증가율은 기업의 외형적인 성장세를 판단하는 대표적인 지표이다.

매출액에 최종마진이 확보된다면 매출액의 증가는 수익성 제고와 연결된다. 고도성장기에는 매출액증가율이 기업의 성장을 판단하는 대표적인 지표이었다. 최근에는 국내 기업의 외형적 성장성이 이익 성장과 연결되지 않는 경우가 많아서 매출액증가율 등의 외형적인 성장성 지표와 실질적인 이익지표를 같이 분석해야 한다.[50]

49) 서병덕·홍동현(2015), '경영분석', 대진
50) 김철중(2013), '재무제표를 활용한 기업분석', 명경사

<그림 4-22> 매출액증가율 공식

$$\text{매출액증가율} = \frac{\text{당기매출액} - \text{전기매출액}}{\text{전기매출액}} \times 100$$

$$= \frac{66.1 - 63.3}{63.3} \times 100 = 4.4\%$$

M기업의 매출액증가율은 4.4%이다. M기업은 매출액이 4.4% 증가하여 전년대비 외형적으로 성장한 것으로 보인다.

(2) 총자산증가율

총자산증가율은 기업의 총자산이 전년대비 당년에 증가한 정도를 측정한다. 총자산증가율은 전년대비 당년의 총자산증가분을 전년도 총자산으로 나눈 값으로 산출한다. 총자산증가율 공식은 〈그림 4-24〉와 같다.

고도 성장기에는 총자산증가율이 기업의 전체적인 외형적 성장성 정보를 제공하였다. 최근에 국내 기업의 외형적 성장성이 실질적인 성장과 연결되지 않는 경우가 많아서 총자산증가율 등의 외형적 성장성과 실질적인 이익 성장성 지표를 같이 분석해야 한다.

<그림 4-24> 총자산증가율 공식

$$\text{총자산증가율} = \frac{\text{당기총자산} - \text{전기총자산}}{\text{전기총자산}} \times 100$$

$$= \frac{99.0 - 90.4}{90.4} \times 100 = 9.5\%$$

M기업의 총자산증가율은 9.5%이다. M기업의 총자산은 9.51%로 증가하여 전년대비 외형적으로 성장한 것으로 보인다.

(3) 자가자본증가율

자기자본증가율은 자기자본이 전년대비 당년에 증감한 정도를 측정한다. 자기자본증가율은 전년대비 당년의 자기자본증가분을 전년도 자기자본으로 나눈 값으로 산출한다. 자기자본증가율 공식은 〈그림 4－25〉와 같다.

자기자본증가율은 기업의 실질적인 성장성을 측정하는 지표로써 장부가치 기준으로 주주 가치의 성장성을 나타낸다.

<그림 4－25> 자기자본증가율 공식

$$\text{자기자본증가율} = \frac{\text{당기말 자기자본} - \text{전기말 자기자본}}{\text{전기말 자기자본}} \times 100$$

$$= \frac{51.3 - 48.2}{48.2} \times 100 = 6.4\%$$

M기업의 자기자본증가율은 6.4%이다. M기업은 장부가치 기준으로 주주의 부가 전년대비 6.4%로 성장한 것으로 보인다.

(4) 순이익증가율

순이익증가율은 기업의 최종성과인 순이익이 전년대비 당년에 증가한 정도를 측정한다. 순이익증가율은 전년대비 당년의 순이익 증가분을 전년도 순이익으로 나눈 값으로 산출한다. 순이익증가율 공식은 〈그림 4－26〉과 같다.

순이익증가율은 기업의 실질적인 성장성을 측정하는 지표이다. 매출액증가율과 총자산증가율은 기업의 외형적인 성장세를 나타내고 자기자본증가율과 순이익증가율은 기업의 실질적인 성장성 정보를 제공한다.[51)]

51) 김철중(2018), '기업가치 중심의 경영분석', 명경사

<그림 4-26> **순이익증가율 공식**

$$순이익증가율 = \frac{당기순이익 - 전기순이익}{전기순이익} \times 100$$

$$= \frac{2.4 - 3}{3} \times 100 = -20.0\%$$

M기업의 순이익증가율은 −20.0%이다. M기업의 순이익은 전년대비 −20.0% 감소하여 실질적으로 성장하지 못한 것으로 보인다.

연습문제 05 성장성 사례

다음은 DH기업의 주요 회계자료이다. 성장성비율을 산출하고 분석하시오.

<표 01> DH기업의 주요 회계자료

(단위 : 백만 원)

연도	매출액	총자산	자기자본	순이익
전년도	1,571	2,161	978	35
당년도	1,828	2,540	1,125	36

▼ 연습문제풀이

DH기업의 성장성 비율은 〈표 02〉와 같다. DH기업의 매출액증가율은 16.4%, 총자산증가율 17.5%, 자기자본증가율 15.0% 그리고 순이익증가율은 2.9%로 나타났다. DH기업은 외형적 성장성을 보여주는 매출액증가율과 총자산증가율이 증가하고 실질적인 성장성을 나타내는 순이익증가율과 자기자본증가율이 증가하여 외형적으로 성장하였을 뿐 아니라 실질적으로 성장한 것으로 보인다. 또한 자기자본증가율이 증가하여 장부가치(book value) 기준으로 주주의 부가 성장한 것으로 파악된다.

<표 02> DH기업의 성장성비율

(단위 : 백만 원)

구분	공식	산출	비율
(1) 매출액증가율	(당기매출액 – 전기매출액) /(전기매출액) × 100	(1828 – 1571)/ 1571 × 100	16.4%
(2) 총자산증가율	(당기말총자산 – 전기말총자산) /전기말총자산 × 100	(2540 – 2161)/ 2161 × 100	17.5%
(3) 자가자본증가율	(당기말자기자본 – 전기말자기자본) /전기말자기자본 × 100	(1125 – 978)/ 978 × 100	15.0%
(4) 순이익증가율	(당기순이익 – 전기순이익) /전기순이익 × 100	(36 – 35) /35 × 100	2.9%

4.4 시장가치의 본질

시장가치는 미래현금흐름을 적정할인율(자본비용)로 할인한 현재가치이다. 시장가치 산출 공식은 〈그림 4-27〉과 같다. 시장가치를 산출하기 위해서는 미래현금흐름과 적정할인율을 추정해야 한다.

기업가치평가와 기술가치평가는 시장가치를 기준으로 한다.[52] 시장가치의 본질을 이해하기 위해 화폐의 시간적 가치, 미래현금흐름 및 적정할인율(자본비용)에 대해 다루겠다.

<그림 4-27> 시장가치 산출 공식

$$\text{시장가치} = \sum_{t=1}^{n} \frac{\text{미래현금흐름}}{(1+\text{적정할인율})^t}$$

4.4.1 화폐의 시간적 가치

기업가치와 기술가치평가에서 사용하는 수익접근법(Income Approach Method)은 재무관리의 현금흐름할인법(Discounted Cash Flow Method, 이하 DCF)과 동일한 이론이다.[53] DCF는 자산이 창출하는 미래현금흐름(수익)을 현재 시점의 가치로 환산한 현재가치이다.

52) 기술가치평가에서 적용되는 공통된 기준은 공정시장가치(Fair Market Value)이다. 공정시장가치는 자발적인 수요자와 공급자가 해당 거래대상물의 모든 정보를 이해하고 거래에 대한 강요가 없는 상황에서 쌍방이 자발적으로 거래할 수 있는 가치(가액)이다. 기술가치시장은 활성화된 시장은 아니지만, 공정시장가치 기준 적용을 위해 대상기술의 기술성, 권리성, 시장성, 사업성 분석결과 등을 기술가치모형에 적용하여 공정한 가치를 산출해야 한다(기술평가기준 운영지침, 제35조)(출처 : 산업통상자원부(2021.02), '2020 기술평가 실무가이드').

53) 이의경(2020), '기술가치평가 : 이론과실무', 명경사

현재시점의 100만 원(현재가치)과 1년 후의 100만 원(미래가치)를 비교하면 대부분 현재의 100만 원의 가치가 더 높다고 여길 것이다. 동일한 금액이더라도 평가시점(현재 또는 미래)에 따라 가치가 달라진다. 이러한 시간을 고려한 가치는 화폐의 시간적 가치이다.

(1) 미래가치

미래가치는 현재의 일정금액을 미래의 특정시점에서 평가한 가치이다. 현재의 100만 원을 은행에 예금하고 은행이자율이 10%인 경우 1년 후에 은행에서 110만 원을 돌려받을 수 있다. 100만 원의 미래가치(future value)는 110만 원이고 이자율(10%)은 수익률(rate of return)이 된다.

<그림 4-28> 미래가치 산출 공식

$$P_n = P_0(1+r)^n$$
$$(P_0 : \text{원금},\ n : \text{기간},\ r : \text{이자율})$$

(2) 현재가치

미래가치를 적정할인율로 환산하면 현재가치가 된다. 예를 들어 세계 마라톤 대회에서 우승한 김유신 선수에게 정부는 2가지 상금 지급 방안을 제시하였다. 대안을 선택하기 위해 2안 상금에 대해 현재가치로 산출해야 한다.

1) 1억 원의 현금을 현재 일시불로 지급
2) 매달 100만 원씩 연금으로 영구적으로 지급

2안은 정부가 상금을 영구적으로 매달 100만 원씩 지급하므로 미래현금흐름이다. 미래가치를 현재가치로 환산하기 위해 적정할인율을 사용한다. 상금은 정부가 매달 지급하므로 위험이 반영되지 않은 은행이자율(또는 무위험자산의 수익률)을 적용한다.

1) 은행이자율(또는 위험자산의 수익률) : 1%

2안은 매달 100만 원씩 상금을 영구적으로 받으므로 영구연금의 현재가치 공식을 적용하여 현재가치를 산출한다. 영구연금의 미래현금흐름과 현재가치는 〈그림 4-29〉와 같다.

<그림 4-29> 영구연금의 미래현금흐름과 현재가치

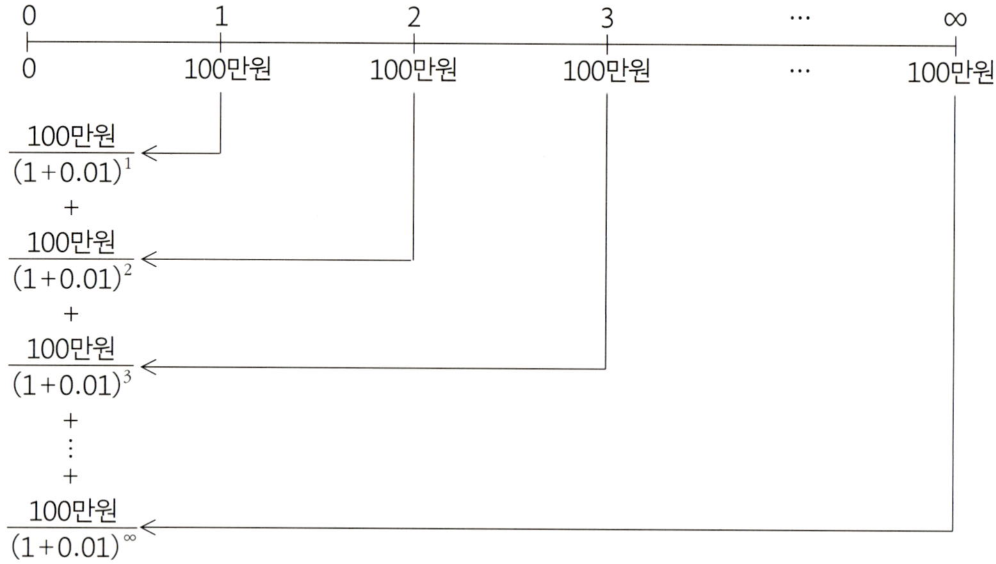

매년 동일한 현금흐름(C)를 영원히 받는 경우의 영구연금의 현재가치(A)의 산출 공식은 〈그림 4-30〉과 같다. 매달 100만 원을 영구적으로 받으며 은행이자율(적정할인율)을 1%로 적용하면 현재가치는 1억 원이다. 은행이자율이 월 1%일 경우에 1안과 2안의 현재가치는 1억 원으로 동일하다.

<그림 4-30> 영구연금의 현재가치 산출 공식

$$A = \frac{C}{r} = \frac{100\text{만 원}}{1\%} = 1\text{억 원}$$

(C : 현금흐름, r : 적정할인율)

2) 은행이자율(무위험자산의 수익률) : 2%

매달 100만 원씩 영구적으로 연금을 받으며 은행이자율이 2%일 경우의 현재가치는 0.5억 원이다. 현재 0.5억 원을 은행에 예치하면 매달 100만 원씩 현금흐름을 얻을 수 있다. 1안의 현재가치는 1억 원이고 2안은 0.5억 원 이다. 김유신 선수는 2안보다는 1안을 선택할 것이다. 동일한 미래현금흐름이 기대되어도 적용되는 할인율(은행이자율)이 다르면 미래현금흐름의 현재가치는 달라진다. 할인율이 높을수록 미래현금흐름의 현재가치는 작아진다.

$$A = \frac{C}{r} = \frac{100\text{만 원}}{2\%} = 0.5\text{억 원}$$

(C : 현금흐름, r : 적정할인율)

4.4.2 미래현금흐름

기업가치평가는 정상적인 영업활동(생산 · 판매관리)을 영위하는 계속기업을 대상으로 한다. 기업가치는 자산을 활용한 영업활동의 결과로써 얻게 되는 미래현금흐름과 위험이 반영된 적정할인율을 추정하여 현재가치를 산출한다. 재무제표와 기업의 미래현금흐름은 〈그림 4-31〉과 같다. 기업의 미래현금흐름은 정상적인 영업활동(제조 · 판매관리)에서 얻는 영업이익을 대상으로 추정한다.

<그림 4-31> 재무제표와 기업의 미래현금흐름

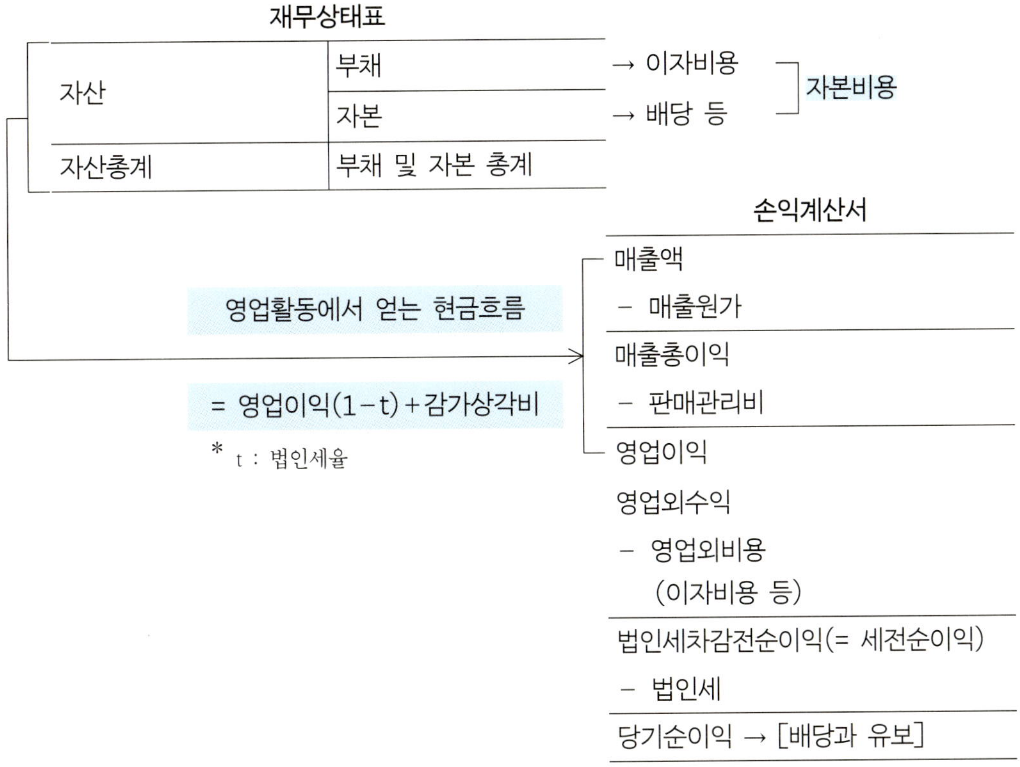

출처 : 김철중(2018), '기업가치 중심의 경영분석', 명경사

기업가치평가의 미래현금흐름은 잉여현금흐름이다. 잉여현금흐름은 기업에 귀속되므로 기업잉여현금흐름(free cash flow to the firm : FCFF)이라고도 한다. 기업잉여현금흐름은 '영업활동에서 얻은 현금흐름(영업현금흐름)'에 자본적지출을 차감하고 추가운전자본을 차감하여 산출한다. 기업잉여현금흐름의 산출 공식은 〈표 4－25〉와 같다.

<표 4－25> 기업잉여현금흐름(FCFF) 산출 공식

FCFF = 영업활동에서 얻는 현금흐름 － 자본적지출 － 추가운전자본 = 영업이익(1－법인세율) ＋ 감가상각비 － 자본적지출 － 추가운전자본

〈표 4－25〉의 기업잉여현금흐름(FCFF)에서 영업이익은 자산을 보유하여 얻는 것이 아니라 자산을 활용하여 정상적인 영업활동(생산·판매관리)을 함으로써 얻는 현금흐름이다. 영업활동에서 얻는 현금흐름은 영업수익(= 현금유입)에서 영업비용(= 현금유출)을 차감한 순현금흐름이다. 기업잉여현금흐름에서 영업외수익(이자, 배당)과 영업외비용(이자비용)은 고려하지 않는다. 이자비용과 배당 등의 자본비용은 할인율에 반영되므로 기업잉여현금흐름에서 이자비용과 배당 등을 차감하지 않은 영업이익을 대상으로 한다.

법인세는 기업 외부로 유출되는 비용으로 현금유출이다. 영업활동에서 얻는 현금흐름에서 법인세는 차감한다. 감가상각비는 손익계산서상의 비용으로 영업이익을 감소시킨다. 감가상각비는 현금유출이 수반되지 않는 비용이므로 가산한다. 따라서 영업활동에서 얻은 현금흐름은 영업이익에서 법인세를 차감하고 감가상각비를 가산하여 산출한다.

자본적지출은 기존 자산의 유지 또는 신규자산 구입을 위해 투자하는 현금유출이므로 영업활동에서 얻은 현금흐름에서 차감한다. 추가운전자본은 기업의 영업활동(구매－생산－판매－회수)에 소요되는 자금으로 묶여 있는 자본이다. 추가운전자본 증가는 현금유출이고 추가운전자본 감소는 현금유입이다. 영업활동에서 얻은 현금흐름에서 추가운전자본증가는 차감하고 추가운전자본감소는 가산한다.

기업잉여현금흐름(FCFF)을 산출하기 위한 M기업의 당년도 주요 회계자료는 다음과 같다.

구분	금액(억 원)
영업이익	3.8
감가상각비	1.6
자본적지출	0.8
추가운전자본	0.6
법인세율(t)	20%

$$\begin{aligned}\text{FCFF} &= \text{영업활동에서 얻은 현금흐름} - \text{자본적지출} - \text{추가운전자본} \\ &= \text{영업이익}(1-t) + \text{감가상각비} - \text{자본적지출} - \text{추가운전자본} \\ &= 3.8 \times (1-0.2) + 1.6 - 0.8 - 0.6 = 3.24(\text{억 원})\end{aligned}$$

M기업의 기업잉여현금흐름(FCFF)은 영업활동에서 얻은 현금흐름(영업현금흐름)에서 자본적지출과 추가운전자본을 차감하여 3.24억 원이 산출된다.

4.4.3 자본비용(적정할인율)

(1) 자본비용, 수익률과 할인율

기업은 자본을 사용한 대가로 자본제공자(채권자, 주주)에게 비용을 지급하고 이러한 비용은 자본비용(Cost of Capital)이다. 자본비용은 타인자본(부채)과 자기자본에 대해 이자비용과 배당으로 지급한다.

자본비용, 수익률 및 할인율 관계는 〈그림 4-32〉와 같다. 자본을 공급한 사람은 자본제공자이고 자본제공자는 수익을 기대하고 기업에 투자하므로 투자자이다. 기업은 자본을 사용한 대가로 자본비용을 지급하고 자본비용은 자본제공자에게 수익이 되므로 자본비용은 수익률이다. 수익률은 현재가치를 미래가치로 환산할 때 사용하고 미래가치를 현재가치로 환산할 경우에도 사용하며 이때는 할인율이라고 한다. 따라서 자본비용, 수익률, 할인율은 같은 의미이고 기업과 투자자(자본제공자) 중에서 어느 입장에서 바라보느냐에 따라 서로 다른 용어로 사용된다.[54]

54) 이의경(2020), '기술가치평가 : 이론과실무', 명경사

<그림 4-32> 자본비용, 수익률 및 할인율 관계

출처 : 이의경(2020), '기술가치평가 : 이론과실무', 명경사

(2) 가중평균자본비용(WACC, Weighted Average Cost of Capital)

기업가치평가에서 적정할인율(자본비용)은 채권자와 주주가 평균적으로 요구하는 수익률인 가중평균자본비용(WACC)을 사용한다.

<그림 4-33> 가중평균자본비용

재무상태표

재무상태표			
자산	부채	→ 이자비용	가중평균자본비용
	자본	→ 배당 등	
자산총계	부채 및 자본 총계		

가중평균자본비용을 산출하기 위한 M기업의 재무상태표와 손익계산서는 〈표 4-26〉과 〈표 4-27〉과 같다.

<표 4-26> 재무상태표

M기업 (12월31일) (단위 : 억 원)

자산	금액	부채/자본	금액
유동자산	53.8	유동부채	28.8
비유동자산	45.2	비유동부채	18.9
		자기자본	51.3
		자본금	8.4
		잉여금 등	42.9
자산총계	99	부채및자본합계	99

자료 : 〈표 4-5〉

<표 4-27> 손익계산서

M기업 (1월1일 ~ 12월31일) (단위 : 억 원)

매출액	66.1
-매출원가	45.8
매출총이익	20.3
-판매비와관리비	16.5
영업이익	3.8
+영업외수익	3.7
-영업외비용	4.4
이자비용	1.0
법인세차감전순이익(= 세전순이익)	3.1
-법인세비용	0.7
당기순이익	2.4

자료 : 〈표 4-6〉

1) 타인자본비용

타인자본비용은 타인자본을 사용한 대가로 채권자에게 지불하는 자본비용이다. 타인자본비용은 이자율(r_D)에 법인세율을 차감하여 산출한다. 이자율(r_D)은 이자비용을 차입원금으로 나눈 값이다.[55] 이자율 산출 공식은 〈그림 4−34〉와 같다.

<그림 4-34> 이자율 산출 공식

$$\text{이자율}(r_D) = \frac{\text{이자비용}}{\text{차입원금}} \times 100$$
$$= \frac{1}{28.8 + 18.9} \times 100 = 2.1\%$$

차입금평균이자율에서 차입금은 이자발생부채인 장단기차입금과 회사채를 대상으로 하였으나 여기서는 편의상 부채(유동부채/비유동부채)를 차입원금으로 한다. M기업의 이자율(r_D)은 이자비용(1억 원)을 차입원금(47.7억 원)으로 나누어서 2.1%가 산출되었다.

M기업은 경영활동의 결과인 세전순이익에 대해 법인세를 납부 한다. 영업외비용에 속하는 이자비용은 법인세 부과 대상인 세전순이익을 줄여주어서 법인세를 절감시킨다. 이러한 효과는 이자비용의 절세효과(tax shield)이다.

타인자본비용의 산출 공식은 〈그림 4−35〉와 같다. M기업의 이자비용 1억 원에 대해 법인세율이 20%로 유지된다면 이자비용의 절세효과는 0.2억 원이다. 실질적으로 이자비용을 1억 원에서 0.8억 원으로 절감시킨다. M기업의 타인자본비용은 1.7%로 이자비용의 절세효과로 인해 이자율(2.1%)보다 낮아지게 된다.[56]

---

55) '4.3 주요 재무비율 분석'의 차입금평균이자율에서 차입금은 이자발생부채인 장단기차입금과 회사채를 대상으로 하였으나 여기서는 편의상 부채(유동부채/비유동부채)를 차입원금으로 한다.

56) 타인자본비용과 자기자본비용은 금액이 아닌 율(%)로 표시된다.

<그림 4-35> 타인자본비용 산출 공식

$$\text{타인자본비용} = \frac{\text{이자비용} - \text{절세효과}}{\text{타인자본}} \times 100$$

$$= \frac{(1-(1\times20\%))}{(28.8 + 18.9)} \times 100 = 1.7\%$$

$$\text{또는 타인자본비용} = r_D(1-t) = 2.1\%(1-20\%) = 1.7\%$$

(법인세율(t)=20%)

2) 자기자본비용

자기자본비용은 자본을 사용한 대가로 지불하는 비용으로 주주가 요구하는 수익률이다. 자기자본비용(r_E)은 CAPM 모형으로 산출한다.[57] 자기자본비용 산출 공식은 〈그림 4-36〉과 같다. 자기자본비용(r_E)은 '기다리는 것에 대한 보상'과 '위험에 대한 보상'으로 구성된다.

<그림 4-36> 자기자본비용 산출 공식

$$\text{자기자본비용}(r_E) = \text{기다리는것에 대한 보상} + \text{위험에 대한 보상}$$

$$= r_f + [E(m) - r_f] \times \beta_i$$

(r_f : 무위험자산의 수익률, E(m) : 주식시장 평균수익율,
$[E(m)-r_f]$: 시장위험프리미엄, β_i : 개별자산(또는 기업)의 체계적인 위험의 민감도)

기술가치평가에서 비상장기업의 자기자본비용은 업종·부채비율·규모 등이 유사한 상장기업의 자기자본비용에 중소기업 유형에 따른 규모위험 프리미엄과 기술사업화 위험 프리미엄을 가산하여 사용한다.

---

57) CAPM(자본자산 가격결정 모형, Capital Asset Pricing Model)는 증권시장선모형(security market line, 이하 SML)이다. SML에서 위험은 베타계수(β)로 표시하고 위험과 기대수익률 간의 관계를 나타낸다. SML의 베타계수(개별자산의 위험의 민감도)가 커질수록 투자자의 요구수익률은 증가한다.

M기업의 보통주 베타가 1.2이고 과거 10년 동안의 연간주식시장의 평균수익율이 10%이며, 무위험자산의 수익률이 3%이면 M기업의 자기자본비용은 11.4%이다. 자기자본에 대한 사용대가로 주주가 요구하는 요구수익율은 11.4%이다.

$$\text{자기자본비용}(r_E) = 3\% + [10\% - 3\%] \times 1.2$$
$$= 11.4\%$$

3) 가중평균자본비용

기업이 조달한 자본의 요구수익률은 채권자와 주주가 평균적으로 요구하는 수익률을 사용하고 이는 가중평균자본비용(WACC)이다. 가중평균자본비용의 산출 공식은 〈그림 4-37〉과 같다. 가중평균자본비용은 타인자본비용과 자기자본비용에 대해 시장가치 기준의 차입금과 자기자본의 구성 비중을 가중평균하여 산출한다.

<그림 4-37> 가중평균자본비용 산출 공식

$$\text{가중평균자본비용} = r_D(1-t)\left(\frac{D}{D+E}\right) + r_E\left(\frac{E}{D+E}\right)$$

(단, D : 차입금의 시장가치, E : 자기자본의 시장가치)

M기업의 자본비용 자료는 다음과 같다.

> 이자율(r_D) : 2.1%, 법인세율 : 20%, 자기자본비용(r_E) : 11.4%
> 차입금총액 : 47.7억 원(시장가치 47.7억 원)
> 자기자본총액 : 51.3억 원(시장가치 70억 원)

M기업의 부채 및 자기자본은 장부가 기준으로 각각 47.7억 원과 51.3억 원 이고 시장가치 기준으로 47.7억 원과 70억 원이다. 가중평균자본비용은 타인자본비용과 자기자본비용에 대해 시장가치 기준으로 타인자본의 비중과 자기자본의 비중을 가중평균하므로 M기업의 가중평균자본비용은 7.5%로 산출된다.

$$\text{가중평균자본비용} = 2.1\%(1-0.2)\left(\frac{47.7}{47.7+70}\right) + 11.4\%\left(\frac{70}{47.7+70}\right) = 7.5\%$$

연습문제 06 가중평균자본비용 사례

DH기업의 자본비용 자료는 〈표 01〉과 같다. 가중평균자본비용을 산출하시오.

<표 01> DH기업의 자본비용 자료

이자율(r_D) : 3.1%, 법인세율 : 20%, 자기자본비용(r_E) : 11.4% 차입금총액 : 803백만 원(시장가치 803백만 원) 자기자본총액 : 1,125백만 원(시장가치 2,000백만 원)

▼ 연습문제풀이

DH기업의 부채 및 자기자본은 장부가치기준으로 각각 803백만 원과 1,125백만 원이고 시장가치기준으로 803백만 원과 2,000백만 원이다. 가중평균자본비용은 타인자본비용과 자기자본비용에 시장가치기준으로 타인자본비중과 자기자본비중을 가중평균하므로 가중평균자본비용은 8.8%가 산출된다.

<표 02> DH기업의 가중평균자본비용

$$\text{가중평균자본비용} = 3.1\%(1-0.2)\left(\frac{803}{803+2,000}\right) + 11.4\%\left(\frac{2,000}{803+2,000}\right) = 8.8\%$$

제 5 장

기술가치평가의 정성적 평가

5.1 평가요인분석의 구조

5.1.1 정성평가와 정량평가

기술가치평가에서 평가요인분석은 대상기술의 사업타당성을 확인하는 과정으로 기술성, 권리성, 시장성 및 사업성에 대해 정성적으로 평가한다. 평가요인분석은 대상기술의 가치 산출을 위해 필요한 핵심투입정보[58]와 이들의 추정에 사용되는 기술평가 투입정보를 합리적으로 결정하기 위하여 수행하는 필수 과정이다(기술평가기준 운영지침, 제3장 2절). 평가요인분석을 통해 사업타당성이 있는 것으로 확인되면 정량분석 과정인 가치금액 산정 절차에 착수한다(기술평가기준 운영지침 제53조 2항).[59]

기술가치평가는 정성평가로 사업타당성을 확보한 후에 정량평가로 가치금액을 산출한다. 기술가치평가와 정성·정량 평가 간의 관계는 〈그림 5－1〉과 같다.

58) 핵심투입정보는 TCT지수, 재무정보, 업종, 기술평가 항목별 평점, 특정 평가요인 분석 결과 등임
59) 산업통상자원부(2021.02), '2020 기술평가실무가이드'

<그림 5-1> 기술가치평가의 정성 · 정량 평가 관계

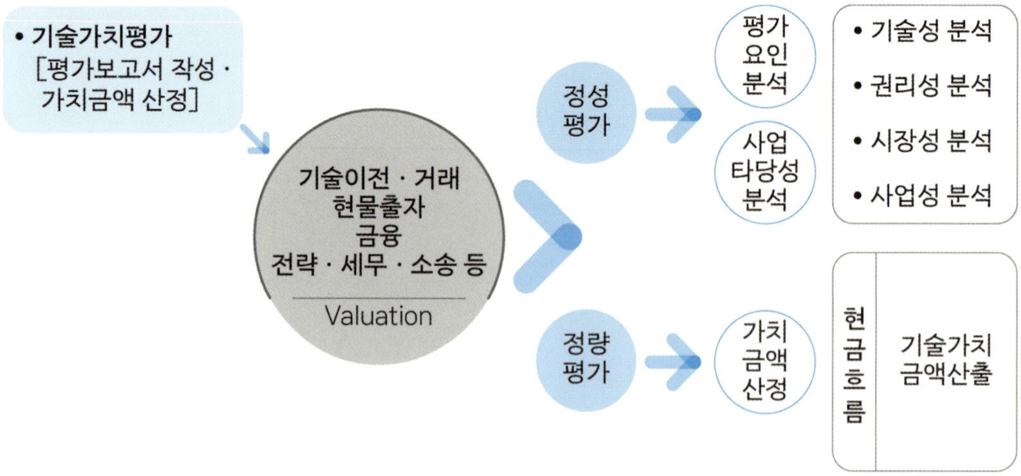

출처 : 한국산업기술진흥원(2022.08.06.), '2022년 기술평가기관 역량강화 일반과정', 저자 재구성

5.1.2 평가요인 분석의 논리구조

평가요인 분석의 논리구조는 〈그림 5-2〉와 같다. 기술성분석은 대상기술 및 대상기술로 구현되는 제품이 기술적 타당성이 있는지, 실현가능성이 있는지에 대해 기술적 효용성과 정성적 측면에서 분석한다. 권리성분석은 경쟁력을 갖춘 신제품이 경제적 수명기간 동안 부가가치를 지속적이고 안정적으로 창출할 수 있는 법적보호 기반을 제공할 수 있는지를 분석한다. 시장성분석은 대상기술제품을 정의하고 대상기술제품 시장에 대한 시장환경과 시장경쟁분석을 통해 목표시장 규모와 향후 시장규모를 전망한다. 사업성분석은 사업주체의 경영진, R&D, 생산, 마케팅, 조직관리, IP관리 등의 사업화역량과 제품경쟁력 등을 분석한다.

<그림 5-2> 평가요인분석의 논리구조

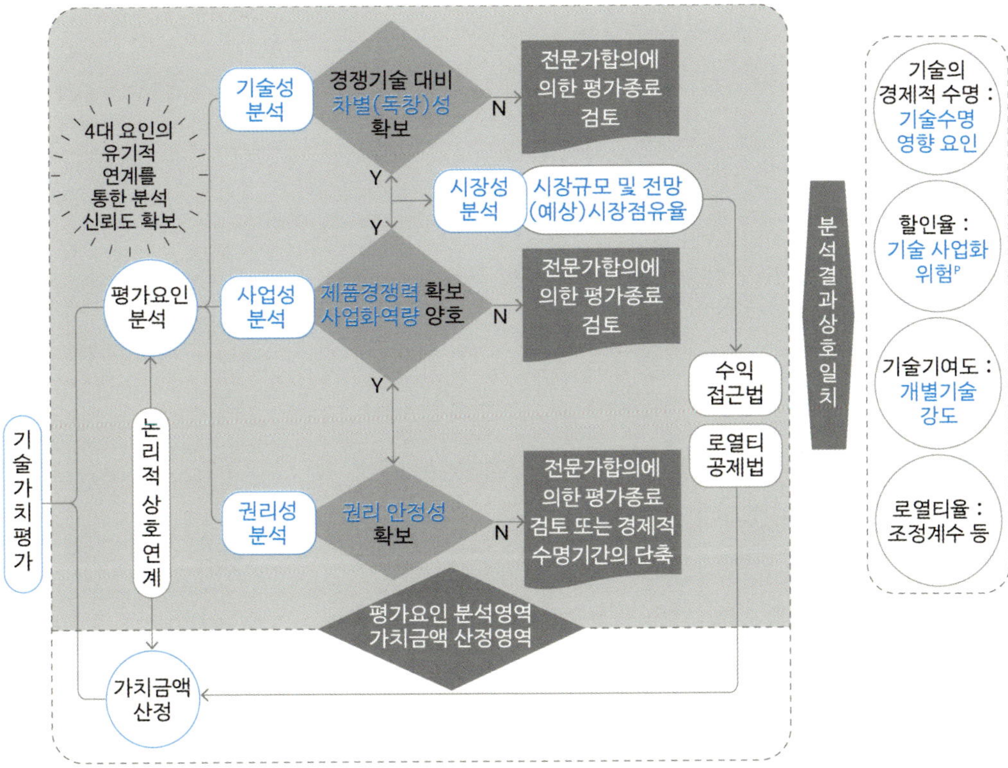

출처 : 산업통상자원부(2021.02), '2020 기술평가실무가이드'

5.1.3 주요 평가항목과 핵심변수 연계표

기술가치평가에서 기술성 · 권리성 · 시장성 · 사업성의 평가항목과 핵심변수 간의 연계표는 〈표 5-1〉과 같다.[60] 핵심변수는 기술의 경제적수명, 할인율 및 기술기여도 등이고 동일한 평가항목은 일관성 있게 평가해야 한다.

<표 5-1> 주요 평가항목과 핵심변수 연계표

구분	기술수명요인 (경제적 수명)	사업화 위험프리미엄 (할인율)	개별기술강도 (기술기여도)
기술성분석	• 우월성 • 기술경쟁강도 • 대체가능성 • 모방난이도	• 차별성 • 기술경쟁강도 • 기술사업화환경 • 모방난이도	• 혁신성 • 차별성 • 대체가능성 • 활용성 • 파급성 • 진부화가능성 • 모방난이도
권리성분석	• 권리보호강도	• 권리안정성	• 권리보호강도 • 권리안정성 • 침해발견 및 입증용이성
시장성분석	• 시장진입가능성 • 시장경쟁강도 • 시장경쟁의 변화 • 신제품 출현가능성 • 예상시장점유율	• 시장진입가능성 • 시장경쟁강도 • 시장의 성장전망	• 시장경쟁강도 • 수요민감도
사업성분석		• 생산용이성 • 수익성	• 사업화 소요자본 • 생산용이성 • 매출 성장추세 • 수익성

출처 : 산업통상자원부(2021.02), '2020 기술평가실무가이드'

60) 해당 연계표는 수익접근법의 평가항목 기준으로 작성하였다.

5.2 기술성 분석

5.2.1 개요 및 정의

기술성분석은 대상기술에 대한 기술개요(기술의 정의 및 개요), 기술개발동향(신규·대체) 및 경쟁기술 현황, 경쟁기술 대비 기술수준(혁신성, 우월성, 차별성 등), 대상기술의 활용성 및 파급효과 등을 분석/평가하는 것을 말한다(기술평가기준 운영지침 제20조). 기술성분석은 대상기술 및 대상기술로 구현되는 제품(또는 서비스)에 대해 기술적으로 타당성이 있는지, 실현가능성이 있는지를 판단한다.

기술성분석 결과는 객관적인 분석내용과 평가자의 주관적인 의견을 평가보고서에 수록하고 평가의뢰자와 관련 이용자가 분석내용을 쉽게 이해하도록 작성해야 한다. 기술성분석 보고서 내용은 〈표 5-2〉와 같다. 기술성분석 보고서는 기술환경 분석과 기술의 유용성 및 경쟁성 분석으로 구성된다.

<표 5-2> 기술성분석 보고서 내용

구분	내용
기술환경 분석	• 국내외 대상기술 관련 동향 및 전망을 분석하고 대상기술을 중심으로 경쟁기술(기존/유사기술), 신규/대체기술, 후방(부품/소재) 및 전방기술(조립, 완성, SI등) 등 경쟁기술환경 분석
기술의 유용성 및 경쟁성	• 기술환경분석 결과에 근거하여 경쟁 기술의 특징과 비교하여 대상기술의 장단점을 분석하고 기술의 유용성 및 경쟁성을 판단함

출처 : 산업통상자원부(2021.02), '2020 기술평가실무가이드'

5.2.2 기술성분석 사례

(1) 평가대상기술의 개요

평가대상기술은 '하이브리드형 임플란트 장치 및 제조방법'으로, 치아용 임플란트 제조 방법에 관한 기술이다.[61] 평가대상기술을 구성하는 핵심기술은 ① 나사부 형태 설계(나사산 하부 곡면 설계 및 나삿등의 날카로운 부분 제거) ② 임플란트 정밀가공기술 ③ 임플란트 나사부의 호브(Hob)형 구성(임플란트 식립 편의 및 통증 감소)기술로 구성된다.

평가대상기술은 임플란트의 수명을 증가시키기 위해 골흡수를 저감하고 임플란트의 식립을 쉽고 편리하게 하여 환자의 통증을 감소시키는 것이 목적이다.

(2) 기술동향

치아용 임플란트 기술동향

치아용 임플란트는 인체에 직접 사용하기 때문에 생체 적합성과 골유착성 확보가 매우 중요하다. 해당 문제를 해결하기 위해 표면처리와 정밀가공기술이 발전하고 있다. 골유착성 확보를 위해서 나노단위의 미세구조를 형성해야 하는 수준 높은 표면처리 기술과 생체 적합성 확보를 위한 마이크로 단위의 정밀가공 기술이 발전하고 있다.[62]

디지털 임플란트 기술동향

치아용 임플란트 분야에서 인공지능, 3D 프린팅 등 4차 산업기술이 결합된 디지털화가 가속화되고 있다. 디지털 임플란트 과정은 구강정보 획득, 모의 시술·치료계획 수립, 기공물 디자인, 수술 가이드 마련, 3D 프린팅(또는 밀링가공) 및 시술 단계로 구분된다. 디지털 임플란트 전과정에 대해 관련 특허가 많이 출원되고 있다.[63]

---

61) 대상기술은 소멸특허를 참조한 가상의 기술이다.
62) 전자공시시스템, '2021 오스템임플란트 사업보고서'
63) 특허뉴스(2021.01.10.), '[특허동향] 디지털 기술 품은 임플란트..특허출원 지난 10년간 연평균 12% 증가'

(3) 기술수준 평가

1) 기술의 완성도

대상기술은 '하이브리드형 임플란트 장치 및 제조방법'으로 제조공정 개발을 거쳐 양산에 성공하였으며 치아용 임플란트 제조에 적용되고 있다. 대상기술은 임플란트 나사선의 형태를 가공하는 것으로 기술의 완성도, 추가적인 기술개발 비용 및 시간, 관련제도 등을 고려할 때 제품화가 가능하여 기술사업화 환경은 양호한 것으로 판단된다.

활용성

대상기술은 임플란트의 내구성을 증가시키기 위한 기술로써 사업주체의 핵심기술이고 현재 사업전략과 부합한다. 사업주체는 대상기술을 활용하여 사업화를 추진하고 있다. 대상기술이 적용된 제품은 양산에 성공하여 시장에 출시되었다.

기술의 수명주기

대상기술은 임플란트의 내구성을 늘리기 위한 기술이다. 대상기술이 속한 기술분야에서 기술수명주기 상으로 성장기 후기에 속하고 앞으로 지속적인 발전 가능성이 다소 높은 것으로 보인다.

우월성

대상기술은 임플란트의 수명을 증가시키기 위해 임플란트에 가해지는 저작압을 효율적으로 분산시켜 골흡수가 감소될 수 있도록 임플란트 나사부의 나삿등은 날카로운 부분을 제거하였다. 경사면과 하측면 간을 유연하게 연접 형성하게 하고 나사산 하측면의 형상을 기존의 직선 형태와는 달리 구조해석을 통해 최적의 곡선을 찾아내어 설계한 응용기술이다.

◖ 혁신성

대상기술은 임플란트의 수명을 증가시키기 위한 다양한 개선 요인 중에 골흡수를 저감하는 방식에 속하는 기술로서 임플란트의 나사산 하부 형상을 곡선 형태로 설계한 것으로 기존 기술의 일부를 개량한 기술이다.

◖ 기술경쟁강도

현재 임플란트의 내구성을 높이기 위해 임플란트 식립과정의 정교화, 임플란트의 길이 및 두께에 대한 연구 등 다양한 측면의 연구와 기술 발전이 이루어지고 있으며 관련하여 다수의 제품들이 시장에 출시 되고 있다. 목표시장에서 경쟁기술의 수가 많고 경쟁이 치열한 것으로 평가된다.

2) 기술의 경쟁성

◖ 차별성

경쟁기술은 치밀골과의 유착성을 높이는 것 등에 중점을 두고 있으나 대상기술은 골흡수 감소에 중점을 두어 내구성을 증가시키고 임플란트 시술 시에 환자의 고통을 경감시키는 기술로써 공정을 개선하고 식립시에 환자의 고통을 경감시켜서 경쟁기술과 비교하여 우수한 기술로 보인다.

◖ 대체가능성

대상기술은 임플란트의 내구성을 늘리는 여러 기술 분야 중에서 임플란트의 나사부의 나사산 하부를 곡면으로 설계하여 저작 부하를 줄여 골흡수를 감소시키는 기술이다. 대상기술의 특허출원추세, 연관기술의 연구개발 및 신제품출현 빈도 등을 종합적으로 고려할 경우에 동 분야에서는 향후 3년간 대체기술이 출현할 가능성이 있을 것으로 분석된다.

모방난이도

대상기술은 나사선의 외형에 대한 설계 기술로서 리버스 엔지니어링이 용이하여 모방이 비교적 쉬우므로 기술 위험과 사업화 위험이 상대적으로 높을 것으로 분석된다.

3) 파급성

대상기술은 이미 기계설계 분야 등에서 사용되고 있는 응용기술이다. 대상기술의 향후 다른 산업의 응용가능성, 융합기술로써 개발가능성, 타제품 및 시장으로의 확장 가능성이 있을 것으로 보인다.

기술성분석 결과를 근거로 기술성 평가요인의 평가항목을 평가한다. 평가항목은 5점 척도로 평가하고 사업화에 유리한 경우에 높은 점수를 부여하고 그렇지 않은 경우는 낮은 점수로 평가한다. 기술성분석은 정성적 평가이고 평가항목에 의해 정량적으로 수치화되어 기술가치평가에 반영된다. 기술성 평가항목은 부록 1의 〈표 1〉 기술성 평가항목을 참고한다.

5.3 권리성분석

5.3.1 개요 및 정의

권리성분석은 대상특허의 서지정보, 명세서에 기재된 기술정보, 권리범위, 선행기술정보 등에 대한 조사를 기반으로 권리보호 강도, 권리안정성, 제품적용여부, 사업과의 연관성 등에 대한 분석을 수행한다(기술평가기준 운영지침 제21조). 권리성분석은 특허 청구항에 대해 대상기술제품 적용 여부를 검토하여 대상기술제품이 특허에 의해 보호받을 수 있는지를 판단한다.

권리성분석 결과는 특허권에 의해 보호되는 기술의 범위, 선행기술조사 결과, 청구항의 제품적용여부에 대해 충분한 정보를 제공하고 평가자의 객관적인 의견 등을 평가보고서에 수록한다. 권리성분석 보고서 내용은 〈표 5-3〉과 같다. 권리성분석 보고서는 권리안정성, 권리범위 광협 및 제품적용 여부 등으로 구성된다.

<표 5-3> 권리성분석 보고서 내용

구분	내용
권리안정성	• 특허 청구항과 명세서에 기재된 사항을 바탕으로 발명 내용 확정 • 선행기술 대비, 대상특허의 신규성, 진보성 위반에 따른 무효가능성 의견 제시 • 특허출원포대[64], 명세서 기재불비 등을 조사하여 기타 사유로 인한 무효 가능성 판단

64) 특허출원포대는 출원서 · 명세서 · 보정서 · 의견서 등 특허출원과 관련하여 특허청에 제출된 일체의 서류의 묶음이다(출처 : 전자신문(2003.05.13.), '[열린마당] 특서출원 보정때 주의사항').

권리범위 광협	• 선행기술대비 차별성 및 해당 요소가 적절하게 권리범위로 설정되었는지 분석 • 대상기술에 대해 경쟁자의 회피설계 가능성을 판단하고 회피설계 차단을 위해 적절한 포트폴리오가 구축되었는지 분석
제품적용 여부	• 대상 특허가 제품에 실제 적용되었는지 제품구성요소에 대해 판단함 • 제품 전체에서 대상 특허가 차지하는 비중 파악 • 대상 특허의 사업과의 연관성 검토

출처 : 산업통상자원부(2021.02), '2020 기술평가실무가이드'

5.3.2 권리성분석 사례

(1) 평가대상 특허의 개요

대상기술과 관련된 특허는 국내 등록특허(제10－＊＊＊＊＊＊＊호)로 '하이브리드형 임플란트 장치 및 제조방법'이다. 대상특허의 출원인은 '(주)덴탈임플란트'이며, 현재 특허권자도 같다.[65] 대상특허의 출원 및 등록사항은 〈표 5－4〉와 같다.

<표 5-4> 대상특허의 출원 및 등록사항

발명의 명칭	하이브리드형 임플란트 장치 및 제조방법
출원번호(출원일)	제 10-2020-＊＊＊＊＊＊＊호 (2020.12.28.)
등록번호(등록일)	제 10-＊＊＊＊＊＊＊호 (2021.03.11.)
특허 출원인	(주)덴탈임플란트
특허권자	(주)덴탈임플란트
법적상태	등록
IPC	A61C 8/00
존속기한	2040.12.28. (예정)
청구항	독립항 10개항, 종속항 10개항
패밀리특허	–

65) 대상특허는 소멸특허를 참조한 가상의 특허이다.

(2) 선행기술 조사

대상특허의 권리 안정성에 영향을 미칠만한 선행문헌이 있는지 조사하기 위하여, '임플란트', '저작부하', '골흡수'등을 핵심 키워드로 하고 IPC는 A61C분야로 제한한 검색식을 작성하여 당해 기술 출원일(우선일) 이전의 공개특허 · 공개실용신안 · 등록특허 · 등록실용신안을 대상으로 선행기술 검색을 수행하였다. 특허 검색 데이터베이스는 WIPS-ON(www.wipson.com)을 사용하였고 검색 대상 국가는 한국, 미국, 일본, 중국, 유럽과 국제출원(PCT)을 대상으로 하였다.

(3) 권리성 평가

1) 권리안정성

선행기술 검색결과 대상기술과 일부 관련이 있는 특허문헌은 총 5건으로 조사되었다. 대상기술의 구성요소와 선행기술조사 결과 공지된 문헌과의 구성요소 비교를 통해 본 발명의 무효가능성을 검토하였다.

대상특허권의 선행특허 분석결과 임플란트 나사부에 대한 유사한 선행기술이 소수 존재하나, 대상특허의 권리의 저촉가능성이 낮은 것으로 분석된다.

2) 권리범위의 광협

대상특허는 지역적 권리범위에 있어서, 국내에서 출원 · 등록되어 법적으로 독점배타적인 권리를 확보하고 있다. 그러나 해외에는 특허출원을 하지 않았으며 이미 조약에 의한 우선권 주장 가능일(최초 출원일로부터 1년)이 경과하여 현시점에서 해외에의 출원은 불가능하다.

따라서 대상특허의 지역적 보호범위는 국내로 한정된다. 내용적인 측면에서 대상특허의 권리 강도는 등록된 독립항의 청구범위에서 필수구성요소가 몇 개의 항목으로 구성되어 있는지, 각 구성요소는 어떤 한정적 조건으로 구성되어 있는지, 경쟁기업에서 얼마나 회피설계가 가능한지 등을 파악함으로써 권리범위의 광협을 판단하였다.

권리보호강도

대상특허권의 청구범위가 주요 기능과 제품의 핵심 생산라인을 보호하고 있는 것으로 파악되어 권리보호 강도는 보통수준이다.

침해발견 및 입증 용이성

대상특허권은 육안으로 보이는 기술 결과물로서 정밀 3D 측정으로 외관의 형상에 대한 모방유무에 대한 확인이 가능하여 특허 침해 발견 및 입증이 용이할 것이다.

3) 사업관련성

사업주체는 치과용 임플란트 제조/판매 사업을 영위하고 있으며, 제품설계 및 품질관리는 자사에서 수행하고 제품생산은 OEM방식으로 협력사에서 생산하고 있다. 사업주체는 대상특허가 적용된 치아용 임플란트 제품을 대량 생산하여 국내 치과의원에 공급하고 있어서 대상특허의 사업관련성은 높은 수준으로 분석된다.

권리성분석 결과를 근거로 권리성 평가요인의 평가항목을 평가한다. 평가항목은 5점 척도로 평가하고 사업화에 유리한 경우에 높은 점수를 부여하고 그렇지 않은 경우에 낮은 점수로 평가한다. 권리성분석은 정성적 평가이고 평가항목을 통해 정량적으로 수치화 되어 기술가치평가에 반영된다. 권리성 평가항목은 부록 1의 〈표 2〉 권리성 평가항목을 참고한다.

5.4 시장성분석

5.4.1 개요 및 정의

시장성분석은 대상기술 제품이 속한 시장의 환경분석, 경쟁분석 결과에 근거하여 제품의 시장 경쟁력을 평가하는 것을 말한다(기술평가기준 운영지침 제22조). 시장성분석은 대상기술이 적용되는 제품을 정의하고 대상기술제품의 목표시장을 설정하며 제품의 차별성과 경쟁력 등을 분석한다. 대상기술제품의 목표시장의 규모 및 향후 시장 규모를 전망한다.

시장성분석 결과는 대상기술제품에 대해 평가의뢰자와 관련 이용자가 이해할 수 있도록 충분한 정보를 제공하고 시장성분석에 사용된 자료와 정보의 출처를 표기하고 설정된 가정의 근거를 명확히 제시한다. 시장성분석 보고서 내용은 〈표 5-5〉와 같다. 시장성분석 보고서는 시장환경분석, 시장경쟁분석, 목표시장 규모 및 전망으로 구성된다.

<표 5-5> 시장성분석 보고서 내용

구분	내용
시장환경분석	• 대상기술제품이 속한 산업의 특징 및 환경을 분석하고 대상기술의 사업화에 미치는 영향을 분석함
시장경쟁분석	• 국내외 업계현황 등 목표시장의 구조, 경쟁현황 분석 및 대상기술제품의 경쟁력에 근거한 시장지위 확보 가능성을 분석함
목표시장 규모 및 전망	• 시장환경분석과 시장경쟁분석에 근거하여 세분화된 목표시장의 규모 및 향후 시장규모를 전망함 • 예측의 신뢰성을 확보하기 위해 최근 시장자료와 정보에 근거한 탐색적 예측방법과 대상기술제품시장의 전망에 대해 평가자의 의견 제시

출처 : 산업통상자원부(2021.02), '2020 기술평가실무가이드'

5.4.2 시장성분석 사례

(1) 시장의 개요

1) 시장의 정의

대상기술은 '하이브리드형 임플란트 장치 및 제조방법'으로 치아용 임플란트 제조에 관련된 기술이다. 대상기술은 임플란트의 수명을 증가시키기 위해 골흡수를 저감시키고 임플란트의 식립을 쉽고 편리하게 할 수 있어서 환자의 통증을 감소시키는 데에 효과적인 임플란트 제조에 관한 것이다.

치아용 임플란트는 치아가 결손된 부위에 주변 치아를 손상하지 않고 특수금속으로 만든 인공치근을 치조골에 이식하여 본래의 자기 치아와 같은 기능을 수행하는 이식체이다.[66] 대상기술이 적용되는 제품(이하, 대상기술제품)은 치아용 임플란트로 정의한다.

대상기술제품의 목표시장은 '치과용 임플란트 시장'이며, 주요 수요처는 치과병원 등의 의료기관이다. 대상기술제품은 의료기기 산업에 포함되며 한국표준산업분류에서 '정형 외과용 및 신체 보정용 기기 제조업(C27192)'에 속한다.

<그림 5-3> 임플란트 시술

임플란트 시술 모습	
	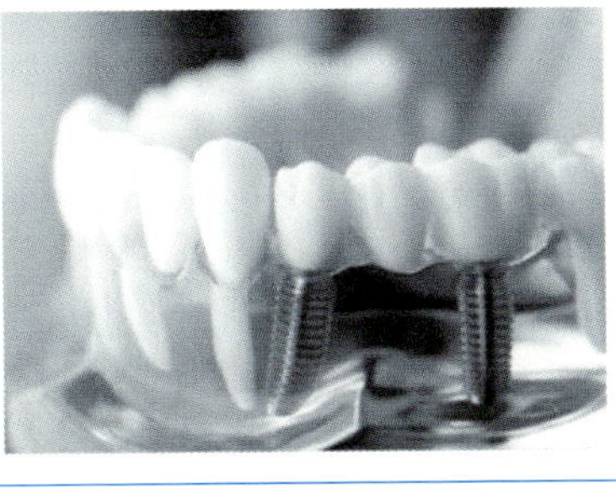

출처 : 질병관리청 국가건강정보포털－치과 임플란트(https://health.kdca.go.kr) : 아주대학교병원－임플란트클리닉 (http://hosp.ajoumc.or.kr/Center)

66) 보건산업진흥원(2017.12.26.), '치과용임플란트', 보건사업브리프 의료기기품목시장통계 Vol 56

<표 5-6> 대상기술제품 시장의 정의

기술사업화제품	시장 정의	시장 범위
치아용 임플란트	치과용 임플란트 시장	• 지역적 범위 : 국내 시장 • 시장유형 : B2B 시장 • 수요처 : 치과의원등 의료기관

2) 산업 특성 및 구조

대상기술제품의 전방산업은 치과병원 등의 의료건강산업과 임플란트 제조산업이며, 후방산업은 타이타늄 또는 지르코늄 등의 소재 및 각종 성형장비 등이다. 2022년 세계 치과용 임플란트 시장은 46억 달러[67]규모로 해당 제품은 전후방산업에 미치는 영향이 큰 산업이다.

<표 5-7> 대상기술의 전후방 산업

후방산업	해당제품	전방산업
타이타늄 또는 지르코늄, 각종 성형 장비, 세라믹 코팅장비 등	치아용 임플란트	치과병원 등의 의료건강 산업 임플란트 제조산업

대상기술제품이 속한 국내 의료기기 산업은 고령화에 따른 산업성장, 영세한 산업구조, 건강보험 등재의 어려움, 다품종소량생산, 기술집약적 정밀산업, 정부규제 산업 및 치과치료의 디지털 솔루션 도입 등의 특성이 있다.

67) GrandViewResearch(2022), 'Dental Implants Market Size Forecasts 2023-2030'

<표 5-8> 국내 의료기기 산업의 특징

구분	내용
고령화에 따른 산업 성장	고령화가 진행되면서 건강에 대한 관심이 증가하고, 의료기술도 급속도로 발전하고 있다. 특히, 현대인들의 수명이 길어지면서 치아 건강의 중요성이 높아지고 있어서 노년층을 중심으로 임플란트 등의 보철치료의 수요가 해마다 증가하고 있다.
영세한 산업구조	국내 의료기기 산업에서 매출액 10억 원 미만의 소규모 기업이 전체에서 80%를 차지하고 있으며 해당 기업의 생산액은 국내 의료기기 총생산액의 5.3%로 영세한 산업구조이다.
건강보험 등재의 어려움	국내 의료시장에 진출하기 위해서는 건강보험에 등재되어야 한다. 신규 의료기기는 기존 기술보다 현저한 개선을 입증해야만 건강보험 등재가 가능하다. 국내 영세한 의료기기 기업에게 건강보험 등재는 높은 진입장벽이 되고 있다.
다품종 소량생산	의료기기산업은 일반적인 공산품과 달리 다품종 소량생산 산업으로 지속적인 연구개발과 투자가 필요한 산업이다.
기술집약적 정밀산업	치과용 임플란트는 인체에 사용되어 생체 적합성과 골유착성을 확보해야 한다. 이를 위해 표면처리와 정밀가공기술이 요구된다.
정부규제 산업	의료기기는 인체에 직접 사용한다는 점에서 정부의 의료정책 및 관리제도에 영향을 많이 받는 규제산업이다. 안전성이 강조되는 의료의 특성으로 의사의 의료기기 선택이 보수적이다. 인지도와 신뢰도가 높은 제품이 선호되어 글로벌 제품이 시장 선점에 유리하다.
디지털 솔루션 도입 활성화	개발도상국에서 치과용 임플란트가 자연 치아의 대체재로 인지도가 높아지고 임플란트 시술에 디지털 솔루션 도입이 활성화되면서 세계 치과용 임플란트 시장은 지속적으로 성장하고 있다.

출처 : MedicalTiems(2022.05.30.), '국내 의료기기 산업 발전과 병원의 역할' : 덴탈아리랑(2022.08.08.), '스트라우만, 세계 임플란트 시장점유율 '9년 연속' 1위' : 한국의료기기안전정보원(2021.11), '2021 의료기기 산업동향 보고서' : 전자공시시스템, '2021 오스템임플란트 사업보고서'

(2) 시장 경쟁분석

1) 시장동향(동업계 현황)

치과용 임플란트 의료기기 산업의 변화요인을 거시환경분석(Political, Economic, Social and Technological analysis, PEST) 방법에 따라 정리하면 〈표 5-9〉와 같다.

<표 5-9> 치과용 임플란트 의료기기 산업 PEST 분석

구분	기회요인	위험요인
Political Factor	• 65세 이상 노령층의 치아용 임플란트 건강보험 확대 정책지원	• 기술경쟁력 부족으로 혁신 생태계 조성 미흡, 세계시장 글로벌기업 선점
Economic Factor	• 소득수준 향상에 따른 선진화된 치과용 보철치료 수요증가	• 임플란트 수가 적용에 따른 건강보험 재정 부담 증가
Social Factor	• 고령화에 따른 임플란트 등의 보철치료 대상자 증가로 시장의 지속적 성장	• 국내의 치과병원·치과의원은 18,973개(2022년 2분기)이고 서울과 수도권 비중이 50.4%로 편중, 치과 치료 접근성 제약
Technological Factor	• 치과치료의 디지털솔루션 활성화로 임플란트 시술 등의 효과성 제고	• 3D프린팅으로 제조한 인공치아 등의 기술 발전

출처 : 저자 작성

현재 치과용 임플란트 글로벌기업은 스타라우만, 다나허 등이 세계시장을 선점하고 있다. 국내는 오스템임플란트, 덴티움 및 메가젠임플란트가 경쟁하고 있으며 해당 기업의 시장점유율은 50% 이상을 차지하고 있다.

2) 시장의 경쟁구조 분석

고령화 추세와 소득 증대로 인해 글로벌 치과용 임플란트 시장은 연 10%대로 성장하고 있다. 선진국 시장은 고가 제품 중심으로 안정적으로 성장하고 신흥국은 인구가 많으며 도입률이 낮아서 중저가 제품의 높은 성장성이 전망된다.

국내의 오스템임플란트는 2017년부터 2020년 동안에 치아용 임플란트 판매량 세계 1위로 2020년 판매 수량은 472만 7,309개로 파악된다.[68] 오스템임플란트는 글로벌기업과 비교하여 상대적으로 중저가 제품 중심으로 시장을 선점하고 있다.

치과용 임플란트 시장은 신규진입이 제한된 과점적 시장으로 글로벌 상위 7개사가 시장의 80%가량을 점유하고 있다. 2019년 기준으로 시장점유율은 스타라우만이 1위를 차지하고 다음으로 다나허, 덴티스토리 등이다. 국내의 오스템임플란트와 덴티움은 각각 8%, 5%의 시장점유율을 보이고 있다. 의료기기인 치과용 임플란트는 시장 진입을 위해서 인허가와 다년간의 임상데이터가 요구되기 때문에 신규진입이 제한된다. 이러한 시장 특성으로 주요 제조사들의 임플란트 제품의 매출총이익률은 70%로 높은 수준이다.

글로벌 치아용 임플란트 주요 기업은 임플란트 이외에 치과장비, 디지털 덴티스트리 등 다양한 수익원에서 매출이 발생하고 있다. 디지털 덴티스트리 사업에 적극적인 스트라우만, Align Technology 등은 다른 업체와 비교하여 시장에서 높게 평가된다. 국내는 오스템임플란트가 투명교정 제품, 디오는 디지털 임플란트의 미국 시장 확대, 덴티움은 자체 개발한 구강스캐너 출시를 준비하고 있다.[69]

68) 치의신보(2022.02.09.), '오스템 4년 연속 임플란트 판매량 세계 1위'
69) 삼성증권(2021.03.09.), '덴탈케어 치과의 미래에서 찾는 기회'

<그림 5-4> 글로벌 임플란트 업체 시장점유율(2019년)

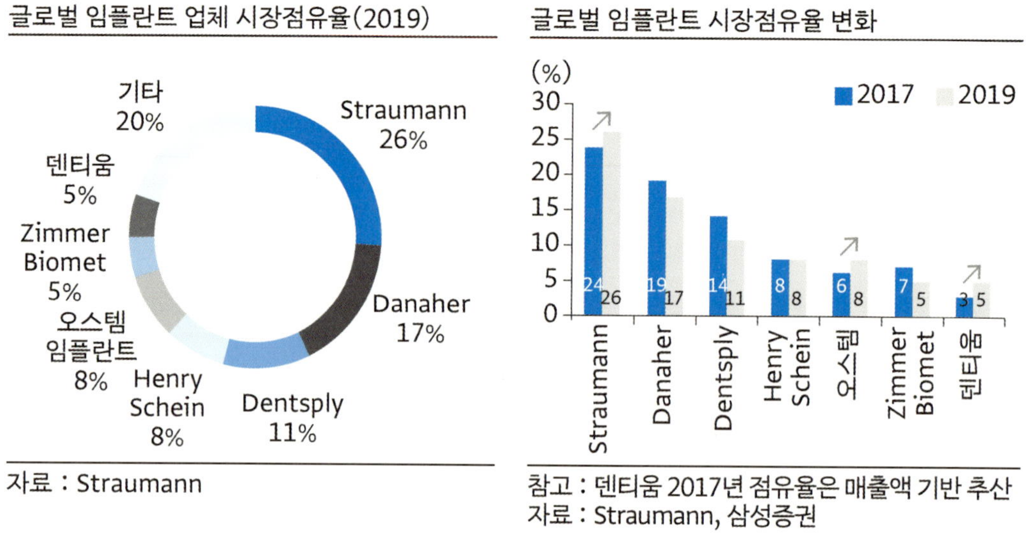

출처 : 삼성증권(2021.03.09.), '덴탈케어 치과의 미래에서 찾는 기회'

3) 시장규모 및 전망

국내외 시장규모

세계적인 고령화 추세와 신흥국을 중심으로 가처분 소득의 증가로 치과용 임플란트 시장은 지속적으로 성장하고 있다. MarketsandMarkets에 따르면 세계 치과용 임플란트 및 보철물 시장은 2018년 75억 달러에서 연평균 7.2%로 성장하여 2021년에는 92억 달러에 이를 것으로 전망된다.

<표 5-10> 세계 치과용 임플란트 및 보철물 시장규모

(단위 : 백만 달러, %)

구분	2018년	2019년	2020년	2021년	CAGR(18/21)
세계시장	7,496	8,036	8,615	9,235	7.2%

자료 : MarketsandMarkets(2022.09), 'Dental Implants & Prosthetics Market'. 저자 재구성

최근의 보철물시장은 치아건강과 더불어 심미성 측면에서 수요가 증가하고 있다. 이러한 보철물시장의 성장은 치과용 임플란트 시장을 견인하고 있다. 세계 치과용 임플란트 시장은 2018년 32억 달러에서 연평균 6.3%로 성장하여 2021년에는 39억 달러에 이를 것으로 예상된다. 2019년 기준으로 세계 치과용 임플란트 및 보철물 시장에서 치과용 임플란트가 차지하는 비중은 42.7%로 파악된다.[70)]

<표 5-11> 세계 치과용 임플란트 시장규모

(단위 : 백만 달러, %)

구분	2018년	2019년	2020년	2021년	CAGR(18/21)
세계시장	3,227	3,430	3,646	3,876	6.3%

자료 : Fortune Business Insights(2022.09.27.), 'Dental Implants Market Report, 2022-2029'. 저자 재구성

MarketsandMarkets(2018)에 의하면 국내 치과용 임플란트 및 보철물 시장 규모는 2018년 4,479억 원에서 연평균 7.8%로 성장하여 2021년에 5,836억 원에 이를 것으로 전망하였다. 향후 국내 치과용 임플란트 및 보철물 시장의 성장성은 세계시장과 비교하여 더 높게 성장할 것으로 보인다.

<표 5-12> 국내 치과용 임플란트 및 보철물 시장규모

(단위 : 억 원, %)

구분	2018년	2019년	2020년	2021년	CAGR(18/21)
국내시장	4,479	5,116	5,581	5,836	7.8%

주 : 각 연도 한국은행 평균환율

자료 : MarketsandMarkets(2018), 'Dental Implants & Prosthetics Market'. 저자 재구성

국내 치과의원에서 임플란트 환자수는 2017년에 36만 9천 명에서 연평균 8.7%로 성장하여 2021년에 51만 5천 명으로 증가하였다. 치과임플란트 식립시술 건수는 2017년에 59만 5천 건에서 2021년에 79만 6천 건으로 연평균 7.6%로 증가하였다. 국내 치과용 임플란트 시장 규모는 지속적인 성장성이 예상된다.

70) 치과용 임플란트의 비중은 〈표 5-10〉와 〈표 5-11〉의 2019년 자료를 기반하여 추정함

<표 5-13> 국내 치과 임플란트 환자수 및 식립시술 현황(2017~2021)

(단위 : 명, 회)

구분	2017년	2018년	2019년	2020년	2021년	CAGR(17/21)
환자수	369,068	380,082	487,791	484,120	515,538	8.7%
총사용량	595,144	602,912	771,954	757,050	796,579	7.6%

자료 : 보건의료빅데이터개방시스템, 진료행위(검사/수술등) 통계, 치과임플란트[1치당]-고정체(본체)식립술(2단계)-치과의원, http://opendata.hira.or.kr/op/opc/olapDiagBhvInfo.do

국내외 시장 전망

세계 치과용 임플란트와 보철물 시장은 인구고령화에 따른 보철치료 수요증가, 디지털솔루션 채택 증가, 소비자의 인식개선 및 심미성에 대한 수요 증가로 지속적으로 성장하고 있다. MarketandMarkets(2022.09)에 따르면 세계 치과용 임플란트 및 보철물 시장은 2022년에 99억 달러에서 연평균 7.2%로 성장하여 2027년에 141억 달러로 전망된다.[71)]

<표 5-14> 세계 치과용 임플란트 및 보철물 시장 전망

(단위 : 백만 달러, %)

구분	2022년	2023년	2024년	2025년	2026년	2027년	CAGR(23/27)
세계	9,900	10,613	11,377	12,196	13,074	14,100	7.2%

자료 : MarketsandMarkets(2022.09), 'Dental Implants & Prosthetics Market'. 저자 재구성

Fortune Business Insights에 의하면 세계 치과용 임플란트 시장은 2022년 41억 달러에서 연평균 6.3%로 성장하여 2029년에 63억 달러에 이를 것으로 예상된다.[72)]

71) MarketandMarkets(2022.09), 'Dental Implants & Prosthetics Market 2023-2027'
72) GlobeNewswire, Fortune Business Insights(2022.09.27.), 'Dental Implants Market Report, 2022-2029'

<표 5-15> 세계 치과용 임플란트 시장 전망

(단위 : 백만 달러, %)

구분	2022	2023	2024	2025	2026	2027	2028	2029	CAGR (23/29)
세계	4,120	4,380	4,655	4,949	5,261	5,592	5,944	6,340	6.3%

자료 : Fortune Business Insights(2022.09.27.), 'Dental Implants Market Report, 2022-2029'. 저자 재구성

치과용 임플란트 시장에 대해 지역별로 살펴보면 2022년 기준으로 세계 임플란트 시장에서 북미지역의 비중은 35.3%로 가장 높으며 다음으로 유럽지역, 아시아 · 태평양지역 순으로 나타났다. 북미지역은 치과 질환 발병률이 높은 노인인구의 증가, 구강건강에 대한 사회적 인식 제고, 가처분 소득의 증가로 치아 심미성에 관심이 높아지고 있다. 미국 임플란트치과학회(American Academy of Implant Dentistry)에 따르면 치과용 임플란트는 300만 명이 식립한 것으로 보고된다. 세계적으로 임플란트 식립률은 신흥국보다 선진국에서 높게 나타나고 있다.

아시아 · 태평양 지역은 2023~2030년 동안에 가장 높은 성장성을 보일 것으로 예상된다. 아시아 국가는 인구 밀도가 높고 노인 인구가 증가하고 있으며 가처분소득이 증가하고 있어서 글로벌 치과용 임플란트 시장을 견인할 것으로 보인다. 또한 아시아 지역의 의료관광 등의 미용 치과용 임플란트 수요 증가, CAD/CAM 기반 치과 수복물 등의 신기술 도입, 치과 시술에 대한 인식이 높아지면서 시장의 성장을 촉진하고 있다.[73]

73) GrandViewResearch(2022), 'Dental Implants Market Size Forecasts 2023-2030'

<그림 5-5> 지역별 치과용 임플란트 시장점유율(2022년)

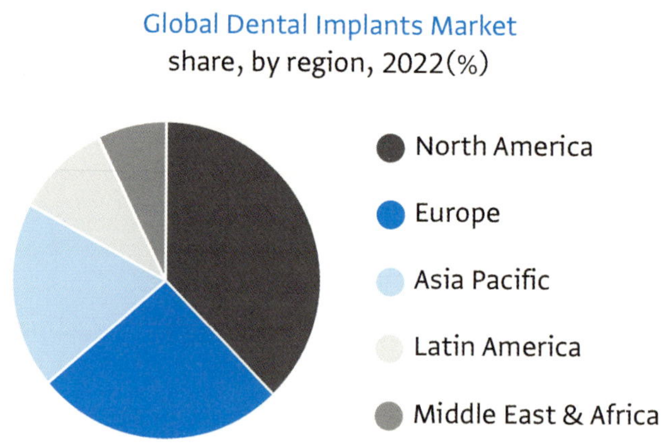

출처 : GrandViewResearch(2022), 'Dental Implants Market Size Forecasts 2023-2030'

국내는 인구 고령화에 따른 보철치료 수요 증가, 치아임플란트의 건강보험 적용 확대, 치아 심미성 시술의 증가로 치과용 임플란트 및 보철물 시장은 꾸준히 성장할 것으로 예상된다. 국내 치과용 임플란트 및 보철물 시장은 2022년에 6,291억 원에서 연평균 7.8%로 성장하여 2027년에 9,158억 원에 이를 것으로 전망된다.

<표 5-16> 국내 치과용 임플란트 및 보철물 시장 전망

(단위 : 억 원, %)

구분	2022	2023	2024	2025	2026	2027	CAGR (23/29)
국내시장	6,291	6,782	7,311	7,881	8,496	9,158	7.8%

주 : 2021년 한국은행 평균환율 1,144.61원/1$
자료 : MarketsandMarkets(2018), Dental Implants & Prosthetics Market, 저자 추정

대상기술의 목표시장인 국내 치과용 임플란트 시장규모 전망은 국내 치과용 임플란트 및 보철물 시장 전망, 세계 치과용 임플란트 및 보철시장에서 치과용 임플란트가 차지하는 비중(42.7%), 2017~2021년 동안에 국내 치과임플란트 식립시술 건수의 연평균성장률(7.6%)을 적용하여 추정하였다. 국내 치과용 임플란트 시장은 2022년 2,685억 원에서 연평균 7.6%로 성장하여 2027년에 3,866억 원에 이를 것으로 전망된다.

<표 5-17> 국내 치과용 임플란트 시장 전망

(단위 : 억 원, %)

구분	2022	2023	2024	2025	2026	2027	CAGR (23/29)
국내시장	2,685	2,888	3,107	3,341	3,594	3,866	7.6%

주 : 2021년 한국은행 평균환율 1,144.61원/1$

자료 : 본서 〈표 5-10〉, 〈표 5-11〉, 〈표 5-13〉, 〈표 5-16〉 저자 추정

시장성분석 결과를 근거로 시장성 평가요인의 평가항목을 평가한다. 평가항목은 5점 척도로 평가하고 사업화에 유리한 경우에 높은 점수를 부여하고 그렇지 않은 경우에 낮은 점수로 평가한다. 시장성분석은 정성적 평가이고 평가항목을 통해 정량적으로 수치화 되어 기술가치평가에 반영된다. 시장성의 평가항목은 부록 1의 〈표 3〉 시장성 평가항목을 참고한다.

5.5 사업성분석

5.5.1 개요 및 정의

사업성분석은 대상기술을 이용하여 사업화를 추진하는 주체(사업주체)의 사업화 역량, 생산 및 영업 능력 등 경영요인을 비롯하여 대상기술제품의 가격 및 품질경쟁력, 매출전망 등 사업전망 전반에 관하여 분석한다(기술평가기준 운영지침 제23조). 사업성분석은 대상기술에 대한 기술성, 권리성 및 시장성 분석결과에 근거하여 사업화를 통한 수익 창출 가능성을 판단한다.

사업성분석 보고서 내용은 〈표 5-18〉과 같다. 사업성분석 보고서는 사업화역량, 제품의 가격 및 품질경쟁력, 사업화 투자규모 등의 분석에 근거하여 현금흐름추정기간 동안의 사업화 실현가능성과 사업추진의 타당성을 분석하고 평가자의 의견을 제시한다.

<표 5-18> 사업성분석 보고서 내용

구분	내용
사업화역량	• 사업주체의 정의와 경영진/기술개발/IP관리/생산/마케팅 등 전반적인 경영역량 분석 • 사업주체의 인적/물적 투자 계획 • 사업주체의 사업화 추진계획의 타당성 및 실현가능성 분석
제품경쟁력	• 대상기술제품의 경쟁력(가격, 품질, 기타)과 경쟁력 제약요인 분석
사업추진의 타당성	• 대상기술의 사업화에 따른 경쟁력 분석결과에 근거하여 사업추진의 타당성을 확인하고 매출액 추정의 합리성을 확보하기 위한 근거 제시

출처 : 산업통상자원부(2021.02), '2020 기술평가실무가이드'

5.5.2 사업성분석 사례

(1) 사업주체의 역량 분석

사업주체는 치아용 임플란트 제조·판매를 목적으로 2020년 11월에 창업주 김유신에 의해 설립된 창업기업이다.[74] 대표이사 김유신은 국내 K대학에서 치의학 박사학위를 받았으며 치과의원을 10여 년 동안 운영한 치의학 분야의 전문가이다.

<표 5-19> 사업주체 현황 및 주요연혁

<table>
<tr><td rowspan="6">주요현황</td><td>기업체명</td><td>(주)덴탈임플란트</td><td>대표자</td><td>김유신</td></tr>
<tr><td>Homepage</td><td>없음</td><td>설립일</td><td>2020년 11월 15일</td></tr>
<tr><td>주요제품</td><td>치아용 임플란트</td><td>상시 근로자수</td><td>10</td></tr>
<tr><td>주업종</td><td colspan="3">정형 외과용 및 신체 보정용 기기 제조업(C27192)</td></tr>
<tr><td>주소</td><td colspan="3">인천시 남동구 남동공단 000길 00번지</td></tr>
<tr><td>매출액(2021)</td><td>50백만 원</td><td>납입자본금(2021)</td><td>100백만 원</td></tr>
<tr><td rowspan="4">연혁</td><td>연도 / 월</td><td colspan="3">연혁 (설립, 증자, 대표자 / 상호 / 업종 변경, 공장신축, 이전 등)</td></tr>
<tr><td>2020.11</td><td colspan="3">법인설립</td></tr>
<tr><td>2021.10</td><td colspan="3">기업부설연구소 설립</td></tr>
<tr><td></td><td colspan="3"></td></tr>
</table>

자료 : 저자 작성

74) 사업주체는 가상의 기업이다.

영업활동 현황

동사는 2020년 설립되었으며 대상기술제품에 대해 서울을 제외한 경기도 지역의 치과의원을 중심으로 영업활동을 하고 있다. 대상기술제품은 2021년에 출시되었으며 2021년에 경기 지역의 치과의원에서 매출이 발생하였다. 동사는 임직원의 영업활동 및 대표이사의 임플란트 시술의 전문성과 의료기관 네트워크를 활용하여 영업활동을 수행하고 있다.

사업체의 역량분석

동사는 대상기술제품인 치아용 임플란트 제품을 OEM방식으로 협력업체에서 생산하고 제품설계 및 품질점검은 자체적으로 수행하고 있다. 동사는 대상기술제품을 외주생산하고 있으나, 해당 협력사는 GMP인증[75]과 클린룸 제조설비를 갖춘 기업으로 치아용 임플란트의 연간 생산 capacity는 500억 원 수준으로 파악된다. 해당 협력사는 협약을 통해 대상기술제품을 우선적으로 생산하기로 하여 동사의 생산 capacity는 충분히 확보한 것으로 파악된다.

동사는 현재 창업기업으로 상근 임직원은 대표이사를 포함하여 10명에 불과하지만, 대상기술제품의 영업활동 및 제품설계/품질관리 등을 자체 관리하고 있어서 향후 매출 확대에 어려움이 없을 것으로 보인다.

동사는 대상기술 제품의 제조와 관련하여 기업부설연구소를 2021년에 개소하였으며 품질향상 및 경쟁력확보를 위해 연구개발에 지속적으로 투자하고 있다.

75) 의료기기 GMP 제도는 의료기기의 설계 · 개발, 생산, 시판 후 관리 등 전 과정에 대한 품질경영시스템의 확보를 통해 안전(safe)하고, 유효(effective)하며, 의도된 용도(intended use)에 적합한 품질의 제품을 일관성 있게(consistently) 제조 · 판매됨을 보장할 수 있는 최소한의 요구조건이다(출처 : 식품의약품안전처(2021.08), '의료기기 GMP 종합해설서(민원인 안내서)').

<표 5-20> 주요 인증

인증내용	인증기관	인증일
벤처기업확인서	벤처기업확인기관	2022.04.20.
기업부설연구소	한국산업기술진흥협회	2021.10.11.

동사는 대상기술(하이브리드 임플란트 장치 및 제조방법)을 포함하여 4개의 특허를 등록하였다. 동사는 치아용 임플란트 제조 및 품질향상을 위해 기술개발을 꾸준히 진행하고 있다.

<표 5-21> 기술개발 관련 지식재산권 보유현황

구분	기술명	출원(등록)번호	출원(등록)일
특허	하이브리드 임플란트 장치 및 제조방법	10-2020-*******	2020.12.28.
	치과용 임플란트 제조	10-2019-*******	2019.07.14.
	생체활성 인공골분과 융합되는 세라믹 치과용 임플란트 제조	10-2021-*******	2021.09.04.
	항균성 코팅층을 포함하는 임플란트의 표면처리 방법	10-2019-*******	2019.06.06.

(2) 사업화 타당성

1) 기술제품의 경쟁력

대상기술로 구현되는 치아용 임플란트의 경쟁력은 다음과 같다.

첫째, 대상기술제품은 골흡수를 감소시켜서 임플란트의 수명을 연장시켜 경쟁제품 대비 품질이 우수함
둘째, 임플란트의 식립을 쉽고 편리하게 할 수 있어서 환자의 통증을 감소시켜서 의료기관의 선호도가 높음
셋째, 대표이사는 치과의사 출신으로 임플란트 시술 및 환자들의 불만사항에 즉각적으로 대응하고 제조과정에 반영하여 제품의 경쟁력을 높이고 있음

대상기술제품의 경쟁제품은 오스템임플란트와 네오임플란트 등이 있으며 경쟁업체와의 비교는 〈표 5-22〉와 같다.

<표 5-22> 경쟁업체와의 비교

구분	(주)오스템임플란트	네오바이오텍(주)	덴탈임플란트 (사업주체)
제품명	오스템임플란트	네오임플란트	DI
경쟁력	• 국내 최초 임플란트 국산화 • 빠른 골유착을 유도하는 표면기술 및 구강 환경에 최적화된 디자인 설계 기술 • 세계적 수준의 생산능력	• CMI임플란트 출시(2007.07) • Safety, Speedy, Simple • 혁신적인 제품개발을 통하여 임플란트 대중화에 기여	• 임플란트 내구성 연장 • 임플란트 식립 시에 통증 감소

자료 : 각사 홈페이지, 건치(2022.07.25.), '세상에 없는 제품을 만들다'

2) 생산 및 판매계획

동사는 2021년 대상기술제품인 치아용 임플란트 제조·판매로 0.5억 원의 매출을 실현하였다. 대상기술제품의 사업화 계획은 2022년 2억 원, 2023년에 15억 원, 2024년에 30억 원을 수립하였다.

동사의 치아용 임플란트 생산 capacity는 현재의 외주 협력사 생산능력으로 연간 500억 원으로 파악되므로 사업화 계획을 달성하기에 충분한 것으로 보인다. 동사의 영업 네트워크 등을 고려할 때 사업계획의 실현가능성은 비교적 높을 것으로 평가된다.

<표 5-23> 사업화계획

(단위 : 억 원)

제품명	전년도 실적 (2021년)	2022년		2023년		2024년	
		국내	해외	국내	해외	국내	해외
치아용 임플란트(DI)	0.5	2		15		30	
합 계	0.5	2		15		30	

자료 : 저자 작성

3) 수익전망

매출 및 수익전망

시장성 분석에서 살펴본 바와 같이 대상기술제품의 목표시장인 국내 치과용 임플란트 시장은 2022~2027년 동안에 연평균 7.6%로 꾸준히 성장하여 2027년에 3,866억 원에 이를 것으로 전망된다. 동사는 현금흐름추정기간 동안의 평균 매출액 성장률은 동업종(의료, 정밀, 광학기기 및 시계, C27)의 최근 3개년 연평균성장률 2.46%와 비교하여 3배이상 높은 수준으로 추산된다. 동사의 현금흐름추정기간 동안의 영업이익률은 8.7%로 동업종(C27)의 최근 3개년(2019~2021)의 평균 영업이익률인 6.08%와 유사한 수준의 영업이익률을 달성할 것으로 평가된다.[76]

파생적 매출

대상기술은 이미 기계설계 분야 등에서 사용되고 있는 응용기술로 혁신성은 높지 않은 것으로 파악된다. 동사는 대상기술로 치아용 임플란트 제조에 집중하고 사업다각화를 고려하기에는 아직은 여력이 충분치 않아서 대상기술의 타산업에서의 파생적 매출은 크지 않을 것으로 평가된다.

사업성분석 결과를 근거로 사업성 평가요인의 평가항목을 평가한다. 평가항목은 5점 척도로 평가하고 사업화에 유리한 경우에 높은 점수를 부여하고 그렇지 않은 경우에 낮은 점수로 평가한다. 사업성분석은 정성적 평가이고 평가항목을 통해 정량적으로 수치화 되어 기술가치평가에 반영된다. 사업성 평가항목은 부록 1의 〈표 4〉 사업성 평가항목을 참조한다.

76) 한국은행경제통계시스템, 기업경영분석-중소기업, https://ecos.bok.or.kr/#/

제 6 장

기술가치 산출을 위한 수익접근법

스타트업을 위한 기술금융과 기술가치평가

6.1 수익접근법의 개요

6.2 기술의 경제적 수명

6.3 현금흐름 산정

6.4 할인율

6.5 기술기여도 및 기술가치산출

6.1 수익접근법의 개요

수익접근법은 기술요소법[77] 기반의 가치산정 방법으로 대상기술의 경제적 수명기간 동안 기술사업화를 통해 발생할 미래의 경제적 이익을 적정할인율을 적용하여 현재가치로 환산한다.[78] 제4장의 시장가치의 본질에서 살펴보았듯이 수익접근법은 재무관리의 현금흐름할인법이다.

수익접근법 기반 기술가치평가 개념도는 〈그림 6-1〉과 같다. 대상기술의 기술성, 권리성, 시장성, 사업성분석 결과를 기술의 경제적수명, 현금흐름, 할인율 및 기술기여도 등의 추정에 사용한다.[79]

<그림 6-1> 수익접근법 기반 기술가치평가 개념도

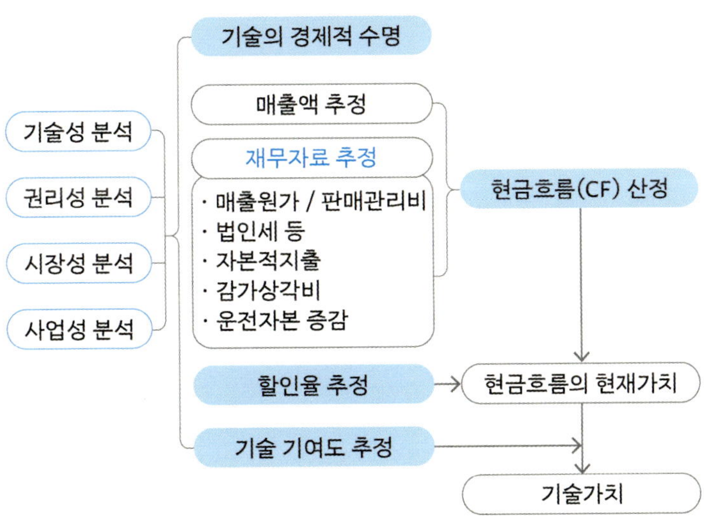

출처 : 산업통상자원부(2021.02), '2020 기술평가실무가이드'

77) 기술요소법(Technology Factor Method Approach)은 기술의 미래현금흐름의 순현재가치(현금유입-현금유출)에 기술요소인 조정계수를 곱하여 산출한다.
78) 산업통상자원부(2021.02), '2020 기술평가실무가이드'
79) 기술성 · 권리성 · 시장성 · 사업성의 평가항목은 부록 1 정성적 평가의 평가항목 참조

수익접근법의 기본 산식은 〈그림 6–2〉와 같다. 대상기술의 사업화를 통한 미래 현금흐름, 적정할인율 및 기술기여도를 추정하여 기술가치를 산출한다. 본서의 수익접근법 예시는 제5장의 기술 · 권리 · 시장 · 사업성분석 사례의 대상특허와 사업주체를 대상으로 하였다.

<그림 6–2> 수익접근법의 기본 산식

$$V_T = \left(\sum_{t=1}^{n} \frac{CF_t}{(1+r)^t} \right) \times \text{기술기여도}$$

- n : 대상기술의 경제적 수명을 고려한 현금흐름 추정기간
- t : t년도
- CF_t : t년도 현금흐름
- r : 할인율
- 기술기여도 : 사업가치 중 기술이 기여하는 비율
  산업기술요소 × 개별기술강도 × 기술의 비중
- 기술의 비중 : 대상기술 제품(서비스)을 구성하는 전체 기술 중에서 대상기술이 차지하는 비중

6.2 기술의 경제적 수명

기술의 경제적 수명은 기술이 시장에서 도입된 후에 경쟁우위를 상실할 것으로 기대되는 시점까지의 기간이다. 기술의 경제적 수명은 대상기술로 구현된 제품(또는 서비스)이 시장에서 경쟁우위를 유지할 수 있는 기간이다.[80)]

기술의 경제적 수명은 여러 방식으로 추정할 수 있다. 본서는 산자부의 기술평가 실무가이드에서 제시하는 특허인용정보를 사용한다. 기술의 경제적 수명은 특허인용수명지수(이하, TCT : Technology Cycle Time)와 기술수명 영향요인의 정량화 모델로 추산한다.

(1) 대상기술의 특허인용지수

TCT는 기술의 경제적 수명에 대해 대체기술 또는 경쟁기술의 출현시기를 추정하는 통계이다. TCT는 기술군 내 개별특허의 연차별 인용빈도 수에 기반하여 개별특허의 수명주기 값을 산출한다. 대상기술의 국제특허분류는 A61C이고 특허인용지수의 중앙값은 9년, Q3는 14년이다. 일반적으로 대상기술의 특허인용지수는 중앙값(Q2)을 사용하므로 특허인용지수는 9년이다.[81)]

한편, 시장의 경쟁환경과 경쟁구조를 고려하여 Q1~Q2, Q2~Q3 사이의 값을 사용할 수 있다. 중앙값(Q2)을 사용하지 않을 경우는 근거를 명확히 제시해야 한다.

---

80) 기술의 경제적 수명은 기술자산의 법적보호기간(예를 들어 특허권의 보호기간 20년 등), 자산의 내용연수와는 다른 개념으로 기술자체의 수명과 기술이 사용되는 제반 환경을 고려하여 결정한다.

81) 특허인용지수는 후방인용에 기반한 특허인용수명 분포이고 평균, Q1(하위 25%), Q2(중앙값), Q3(상위 25%)의 통계치를 제시한다(출처 : 산업통상자원부(2021.02), '2020 기술평가 실무가이드').

<표 6-1> 대상기술의 국제특허분류 및 특허인용지수

IPC	기술명	평균	Q1	Q2(중앙값)	Q3
A61C	치과 : 구강 또는 치과용 위생	9.70	5	9	14

(2) 기술수명 영향요인 평가

기술수명 영향요인은 대상기술의 경제적 수명에 영향을 미치는 기술요인과 시장요인의 평가항목이다. 기술수명 영향요인 평가모델은 가중치 부여 방식에 따라 모델Ⅰ과 모델Ⅱ가 있다. 본서는 모델Ⅱ를 이용하여 기술수명 영향요인을 평가한다. 대상기술의 기술수명 영향요인 평가표(모델Ⅱ)는 〈표 6-2〉와 같다.

<표 6-2> 대상기술의 기술수명 영향요인 평가표(모델II)

구분	세부 요인	가중치	매우 낮음	낮음	보통	높음	매우 높음
			1	2	3	4	5
기술 요인	우월성	7			○		
	기술경쟁강도	4		○			
	대체가능성	5			○		
	모방난이도	3		○			
	권리보호강도	3			○		
시장 요인	시장진입 가능성	4					○
	시장경쟁강도	4			○		
	시장경쟁의 변화	4			○		
	신제품 출현가능성	3			○		
	예상 시장점유율	4		○			
영향요인평점 합계		59점=120점/205점 × 100					

우월성	대상기술은 임플란트의 수명을 늘리기 위해 저작압을 효율적으로 분산시키고 골흡수를 감소시키는 임플란트 나사부의 날카로운 부문을 제거하여 기존의 직선형태와 다르게 최적의 곡선으로 설계한 응용기술로써 우월성은 보통임

기술경쟁강도	임플란트의 내구성을 위해 임플란트 식립 과정의 정교화, 임플란트의 길이 및 두께에 대한 연구 등 다양한 측면의 연구와 기술 발전이 이루어지고 있고 이를 기반으로 많은 제품이 출시 되고 있음. 목표시장에서 경쟁기술의 수가 많고 경쟁이 치열하여 기술경쟁강도는 미흡함
대체가능성	대상기술은 임플란트의 내구성을 늘리는 여러 기술 분야 중에서 임플란트의 나사부의 나사산 하부를 곡면으로 설계하여 저작 부하를 줄여 골흡수를 감소시키는 기술로서 특허출원추세, 연관기술의 연구개발 및 신제품출현빈도 등을 종합적으로 고려할 경우에 향후 3년간 대체기술이 출현할 가능성은 보통임
모방난이도	대상기술은 나사선의 외형에 대한 설계 기술로서 리버스 엔지니어링이 용이하여 모방이 비교적 쉬우며 기술위험과 사업화 위험이 상대적으로 높아서 모방난이도는 미흡함
권리보호강도	대상특허권의 청구범위가 주요 기능화 핵심 생산라인 제품만을 보호하고 있어서 권리보호강도는 보통임
시장진입 가능성	대상기술제품은 시장에 출시되어 매출이 발생하고 있으므로 시장진입가능성은 매우 양호함
시장경쟁강도	대상기술제품의 목표시장인 국내 임플란트 시장은 오스템임플란트, 덴티움 및 메가젠 임플란트 등이 시장을 과점하고 있음. 시장경쟁강도가 사업화에 미치는 영향은 거의 없을 것으로 보이므로 시장경쟁강도는 보통임
시장경쟁의 변화	국내 치아용 임플란트 시장은 주요기업이 선점하고 있는 과점구조로 향후 시장경쟁의 변화는 크지 않을 것임. 시장경쟁의 변화가 사업화에 미치는 영향은 거의 없을 것으로 보여지므로 시장경쟁의 변화는 보통임
신제품 출현가능성	국내 치아용 임플란트 주요 제조기업인 오스템임플란트, 메가젠 임플란트 등은 연구개발에 지속적으로 투자하여 경쟁력을 강화하고 있으며 국내 치과용 임플란트 시장은 성장기시장으로 신제품출현가능성은 보통임
예상시장점유율	대상기술제품은 치아용 임플란트의 내구성을 늘리고, 임플란트 시술시에 환자의 고통을 경감시켜주는 경쟁력을 가지고 있으나 사업주체는 아직은 창업기업으로 자금과 마케팅 역량 등의 한계로 예상시장점유율은 국내시장에서 하위그룹에 속할 것으로 보이므로 미흡함

(3) 대상기술의 경제적수명 결정

기술의 경제적 수명은 특허인용지수와 기술수명 영향요인의 획득값을 보간법을 사용하여 추정한다. 대상기술의 경제적수명은 9년으로 산정하였다.

$$\text{기술의 경제적 수명} = Q2 + (Q3 - Q2) \times \left[\frac{(\text{획득값} - \text{기준값})}{(\text{최대값} - \text{기준값})}\right]$$

$$= 9 + (14 - 9) \times \left(\frac{59 - 60}{100 - 60}\right) = 8.8\text{년} \fallingdotseq 9\text{년}$$

자료 : 산업통상자원부(2021.02), '2020 기술평가 실무가이드'

(4) 기술의 경제적 수명

대상기술의 경제적 수명은 법적 실체인 특허의 기술수명인 법적수명을 초과할 수 없다. 대상특허는 국내에서 2020년 12월 28일 출원되었고 평가시점인 2022년 12월 1일 기준으로 법적 잔존기간은 18년 0개월이다. 법적 잔존기간과 경제적 수명기간 중 짧은 기간으로 기술의 경제적수명을 결정하므로 대상기술의 경제적 수명은 9년으로 추정하였다.

(5) 현금흐름 추정기간 결정

현금흐름 추정기간은 기술의 경제적수명에 사업화 준비기간을 가산하여 산정한다. 사업화 준비기간(또는 투자기간)은 대상기술이 적용된 제품·서비스가 생산되기 위해 공장, 설비 등에 투자가 이루어지는 준비기간이다. 사업주체는 대상기술제품을 시장에 출시하여 매출을 실현하고 있으므로 사업화 준비기간은 없는 것으로 한다. 대상기술의 현금흐름 추정기간은 9년으로 추정하였다.

$$\text{현금흐름 추정기간} = (\text{사업화 준비기간}) + \text{기술의 경제적 수명} = 0 + 9 = 9$$

6.3 현금흐름 산정

기업이 영업활동을 유지 또는 확대하면서 자유롭게 사용이 가능한 현금인 여유현금흐름(또는 기업잉여현금흐름)은 세후영업이익에 감가상각비를 더하고 자본적지출과 운전자본의 증감액을 차감하여 산출한다.[82)]

현금흐름 = 세후영업이익(매출액 – 매출원가 – 판매비와 관리비 등 – 법인세)
+ 감가상각비 – 자본적지출 – 운전자본증감

6.3.1 매출액 추정

(1) 매출액 추정 방법

기술가치평가에서 매출액 추정은 미래현금 추정시에 가장 중요한 과정이므로 반드시 추정 근거를 명시해야한다(기술평가기준 운영지침 제43조). 매출액을 추정할 때는 기술 및 시장의 이해가 필수적이다. 대상기술제품 관련 실적을 기반으로 추정하거나 목표시장의 규모 및 시장점유율 등에 대한 합리적이고 객관적인 자료를 기반으로 추정해야 한다. 매출액 추정방법은 다양한 방법이 있으나 일반적으로 〈표 6–3〉의 방법으로 추정한다.

82) 여유현금흐름(기업잉여현금흐름)의 자세한 내용은 본서의 '4.4.2 미래현금흐름' 참조

<표 6-3> 매출액 추정 방법

구분	내용
판매량 기반	• 대상기술제품의 가격/품질경쟁력, 대상기업의 마케팅계획 및 사업화 역량 등에 기반하여 예상 판매처별로 판매가능량과 판매단가 도출할 수 있는 경우 • 추정매출액 = $\sum_{i=1}^{n}$(판매가능수량i×판매단가i), i = 매출처
시장점유율	• 산업과 시장분석을 통해 목표시장 규모를 명확히 전망할 수 있고 사업주체의 예상 시장점유율을 추정할 수 있는 경우 • 추정매출액 = 목표시장의 규모 × 시장점유율
수요예측	• 정량적 방법 - 사업주체의 과거 매출실적, 마케팅 관련 자료, 거시경제지표 등의 계량자료를 변수로 통계적 예측모형으로 매출 추정
	• 정성적 방법 - 신제품 개발/판매, 과거 실적 자료가 없거나 마케팅 환경이 급변하는 경우에 사업주체의 사업계획서를 참조하여 추정함 - 사업주체의 기술개발역량, 생산능력, 마케팅역량 등 기술사업화의 실현가능성, 시장의 제반 환경변화 등을 종합적으로 고려하여 사업계획서의 타당성과 실현가능성을 분석하고 평가자의 주관적 판단으로 매출액을 추정함

자료 : 산업통상자원부(2021.02), '2020 기술평가실무가이드'

매출액 추정은 현금흐름추정기간 동안에 경쟁기업과 신기술 등의 출현 가능성이 있으므로 매출액의 감소 가능성을 반영한다. 매출액이 지속적으로 증가한다고 가정한다면 명확한 근거를 제시해야 한다.

일반적으로 대상기술제품의 제품수명주기를 고려하여 매출액을 추정한다. 제품수명주기(PLC : Product Life Cycle)는 제품이 시장에 출시되어 퇴출되기까지의 과정으로 도입기, 성장기, 성숙기, 쇠퇴기의 4단계이다. 도입기는 제품이 시장에 처음 출시되는 시기이고, 성장기는 매출이 급격하게 증가하고 성숙기는 제품이 어느 정도 소비자에게 확산되어 성장성이 둔화되는 시기이다. 마지막으로 쇠퇴기는 매출이 감소하는 시기이다. 제품수명주기는 일반적으로 시간의 변화에 따른 매출액의 변화로 종모양(bell-shaped)의 S곡선으로 표시된다.[83]

83) 한국과학기술정보연구원, STAR value 5.0, http://www.starvalue.or.kr/itechvalue/wsp/main/main.jsp

<그림 6-3> 제품수명주기 곡선

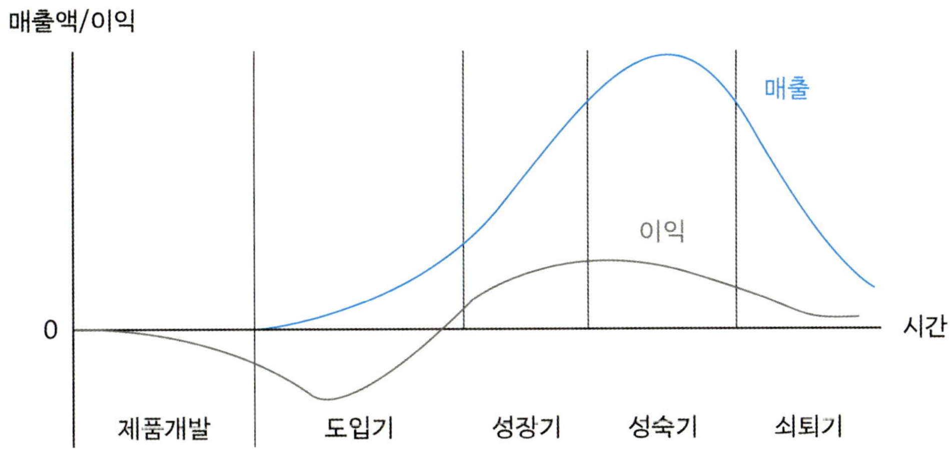

(2) 매출액 추정

매출액 추정은 기술가치평가의 신뢰성 제고를 위해 평가자 합의를 따르는 것이 원칙이나 평가시점에서 사업주체, 유사기업, 시장분석 자료의 확보에 따라 다양한 추정 방법을 선택할 수 있다.

본서의 매출액 추정 사례는 〈표 6—3〉의 수요예측기반의 정성적 방법을 준용하였다. 매출액은 제5장의 사업성분석 사례에서 가상기업으로 설정한 (주)덴탈임플란트의 영업상황을 고려한 매출성장률과 예상증가율 등을 반영하고 동사가 제시한 사업화계획을 참고하여 추정하였다.

<표 6-4> 매출액 등 현금흐름 추정을 위한 주요 가정

가정
첫째, 대상기술은 1개의 국내 등록 특허로 매출액은 국내시장을 대상으로 추정한다.
둘째, 대상기술제품인 치아용 임플란트는 OEM으로 협력사에서 외주로 생산한다.
셋째, 매출액이 본격적으로 증가할 것으로 예상되는 시점에서 자사 물류창고 확보를 위해 투자할 계획이다.
넷째, 대상기술제품은 이미 시장에 출시되어서 사업화 준비기간은 필요하지 않다.
다섯째, 대상기술제품의 매출액 추정을 위해 동사의 2021년~2022년의 매출성장성, 경쟁사의 성장률 및 목표시장의 향후 연평균성장률을 고려한다.

출처 : 저자 작성

동사 제시 제품 판매계획

동사는 평가일[84] 현재 1.9억 원의 매출을 실현하였으며 2023년에 경기도 소재의 치과의원에 8억 원의 납품 계약을 확보한 것으로 파악된다. 동사의 사업화 계획은 2022년 2억 원, 2023년 15억 원, 2024년 30억 원의 목표를 제시하였다.

<표 6-5> 동사의 사업화계획

(단위 : 억 원)

제품명	전년도 실적 (2021년)	2022년		2023년		2024년	
		국내	해외	국내	해외	국내	해외
치과용 임플란트(DI)	0.5	2		15		30	
합 계	0.5	2		15		30	

자료 : 본서의 〈표 5-23〉 재인용

생산설비 및 시장현황을 고려한 매출액 추정

대상기술제품은 OEM방식으로 생산되고 협력사의 연간 생산 capacity는 매출액 기준으로 최대 500억 원으로 파악되어 동사의 사업화계획의 매출 성장률을 충분히 감당할 수 있을 것으로 평가된다.

<표 6-6> 동사의 대상기술제품의 매출 및 사업화계획의 성장성

(단위 : 억 원)

구분	2021년	2022년(F)	2023년(F)	2024년(F)
	1년차	2년차	3년차	4년차
치과용 임플란트(DI)	0.5	2	15	30
성장률		300%	650%	100%

동사의 대상기술제품의 사업화계획은 2022년에 전년 대비 300%, 2023년 650%, 2024년은 100% 성장할 것으로 제시하였다. 동사의 매출 추정을 위해 경쟁사인 오스템임플란트(주)와 네오임플란트(주)의 성장성을 분석하였다.

84) 평가기준일은 2022년 12월 1일임

경쟁사인 오스템임플란트(주)는 1997년 9월에 수민종합치재(주)로 설립되었으며 경쟁제품인 오스템임플란트를 1997년에 출시하였다.[85] 출시 후 2년차~4년차 동안의 성장률은 134%~1,469%로 나타났다.

<표 6-7> 경쟁사(오스템임플란트) 매출액 및 성장률 추이

(단위 : 백만 원)

구분	1997년	1998년	1999년	2000년	2001년
	1차년도	2차년	3차년	4차년	5차년
매출	39	612	1,471	3,441	13,190
성장률		1,469%	140%	134%	283%

자료 : 전자공시시스템, https://dart.fss.or.kr/

경쟁사인 네오바이오텍(주)은 2000년 7월에 설립되었으며 경쟁제품인 네오임플란트는 2007년에 출시한 것으로 파악된다.[86] 출시 후 2년차~4년차 동안의 성장률은 97%~264%로 나타났다.

<표 6-8> 경쟁사(네오바이오텍(주)) 매출액 및 성장률 추이

(단위 : 백만 원)

구분	2007년	2008년	2009년	2010년	2011년
	1차년	2차년	3차년	4차년	5년차
매출	1,956	7,120	14,017	28,007	57,449
성장률		264%	97%	100%	105%

자료 : 크레탑, https://www.cretop.com

85) 건치(2005.06.02.), '오스템 임플란트 연혁'
86) 덴탈아리랑(2022.07.21.), '[특집기획] (주)네오바이오텍 허영구 대표를 만나다'

사업주체의 2021년 자산은 6억 원이다. 경쟁사가 경쟁제품을 출시한 시기의 자산규모는 오스템임플란트(주)가 5.4억 원이고 네오바이오텍(주)은 90억 원으로 파악된다. 사업주체의 자산규모는 오스템임플란트(주)와 유사하다. 자산규모를 고려할 때 대상기술제품의 출시 후 2~4차년도의 성장률은 오스템임플란트(주)와 유사할 것으로 보인다. 그러나 현재 대상기술제품의 목표시장인 국내 치과용 임플란트 시장은 오스템임플란트, 덴티움, 메가젠 임플란트 등의 주요 3사의 시장점유율이 50% 이상을 차지하고 있는 과점적 시장구조이다. 사업주체의 매출액 성장성은 목표시장에 후발주자로 제품을 출시한 네오바이텍(주)의 성장성과 유사할 것으로 판단된다. 따라서 사업주체의 향후 성장성은 네오바이텍(주)의 2~4차년도의 성장률인 97%~264%를 적용하였다.

한편, 한국은행에 의하면 대상기술제품의 동업종인 '의료, 정밀, 광학기기 및 시계(C27)'의 업체당 매출액 평균은 2021년 기준으로 66억 원 수준이며 2019~2021년 동안에 연평균 2.46%로 꾸준한 성장성을 보이고 있다. 대상기술제품은 임플란트의 내구성을 높이고 시술 시에 환자의 고통을 경감시키는 경쟁력을 가지고 있어서 동업종의 연평균성장률보다는 성장성이 높을 것으로 예상된다.[87)]

<표 6-9> 의료, 정밀, 광학기기 및 시계(C27) 재무분석

(단위 : 백만 원)

구 분	2019	2020	2021	CAGR
매출액	18,272,003	18,374,500	19,183,494	2.46%
대상기업수	2,903	2,903	2,903	
평균매출액	6,294	6,329	6,608	

주 : 대상기업수는 2019년 기준임[88)]

자료 : 한국은행경제통계시스템, https://ecos.bok.or.kr/#/ : 통계청

87) 동업종의 재무분석을 위해 한국은행 기업경영분석 자료를 사용하였다. 유료로 제공되는 한국기업데이터 등의 세부 업종별 재무자료 활용이 가능할 경우 해당 자료의 사용을 권장한다.

88) 평가일 현재 통계청의 해당업종 사업체 수의 최신자료는 2019년 자료이다. 본서는 2019년 자료를 사용하였으나, 한국기업데이터 등의 세부 업종별 재무자료는 2021년 사업체 수를 제공하고 있어서 해당 자료의 사용을 권장한다.

대상기술제품이 적용되는 치과용 임플란트시장은 성장기 시장으로 파악되므로 향후 5~6년 동안의 매출의 성장성은 동업종 및 목표시장의 성장성보다는 높을 것으로 예상되지만 성장기 이후에는 시장성장율 수준을 보이다가 성숙기 이후에는 전년대비 매출액이 감소할 것으로 예상된다.

대상기술의 경제적 수명(9년)을 고려하면 동사의 매출액이 최대로 달성가능한 시점은 성장기말인 2028년이 될 것으로 보이며 이후에는 경쟁제품의 등장, 기술의 진부화 등에 의해 매출 성장률이 정체한 후 하락할 것으로 전망된다.

상기 사항을 종합적으로 정리하여 다음과 같이 향후 매출액을 추정하였다.

- 2022년 매출액은 동사의 2022년 매출 추정치(2억 원)을 적용하고 2023년에는 경쟁업체 등의 사업화 2차~4차년 성장성을 고려하여 전년 대비 0.9배 수준의 성장성을 보일 것으로 가정함
- 2024년에서 성장기말인 2028년까지 '국내 치과용 임플란트 시장'의 2022~2027년 동안의 연평균성장률인 7.6%로 선형으로 수렴할 것으로 가정함
- 성숙기인 2029년에는 전년과 동일한 매출액을 유지하다가 2030년부터는 전년대비 매출액이 10~20% 하락하는 것으로 가정함

대상기술제품에 대한 매출액은 2022년 200백만 원에서 2028년 4,634백만 원으로 peak에 이르고 이후 매출액이 점차 감소하는 것으로 추정되었다.

<표 6-10> 사업주체의 매출 추정(년도별)

(단위 : 백만 원)

구분	2022	2023	2024	2025	2026	2027	2028	2029	2030	2031
매출	200	740	1,718	2,831	3,728	4,307	4,634	4,634	4,171	3,336
YoY	300.0%	270.0%	132.2%	64.7%	31.7%	15.5%	7.6%	0.0%	-10%	-20%

한편, 평가기준일인 2022년 12월 1일을 기준으로 매출액을 현금흐름추정기간 동안 년차별로 환산하였다. 1차년도는 2022년 12월 1일부터 2023년 11월 30일까지이며 이후 연차는 동일하게 적용하였다.

<표 6-11> 사업주체의 매출 추정(년차별)

(단위 : 백만 원)

구분	1차년	2차년	3차년	4차년	5차년	6차년	7차년	8차년	9차년
	2022.12 ~ 2023.11	2023.12 ~ 2024.11	2024.12 ~ 2025.11	2025.12 ~ 2026.11	2026.12 ~ 2027.11	2027.12 ~ 2028.11	2028.12 ~ 2029.11	2029.12 ~ 2030.11	2030.12 ~ 2031.11
매출	695	1,637	2,738	3,653	4,258	4,607	4,634	4,209	3,406

주 : 1차년도는 평가기준일인 2022년 12월 1일부터 2023년 11월 30일 동안의 기간임

6.3.2 매출원가 및 판관비

매출원가와 판관비는 산업별로 특성이 상이하고 기업별로 원가동인[89]이 달라서 표준화된 추정 방법을 제시하기 어렵다. 매출원가와 판관비를 추정할 때는 〈그림 6-4〉의 순서에 따라 적용해야 한다(기술평가기준 운영지침 제44조).

<그림 6-4> 매출원가와 판관비 추정방법 적용순서

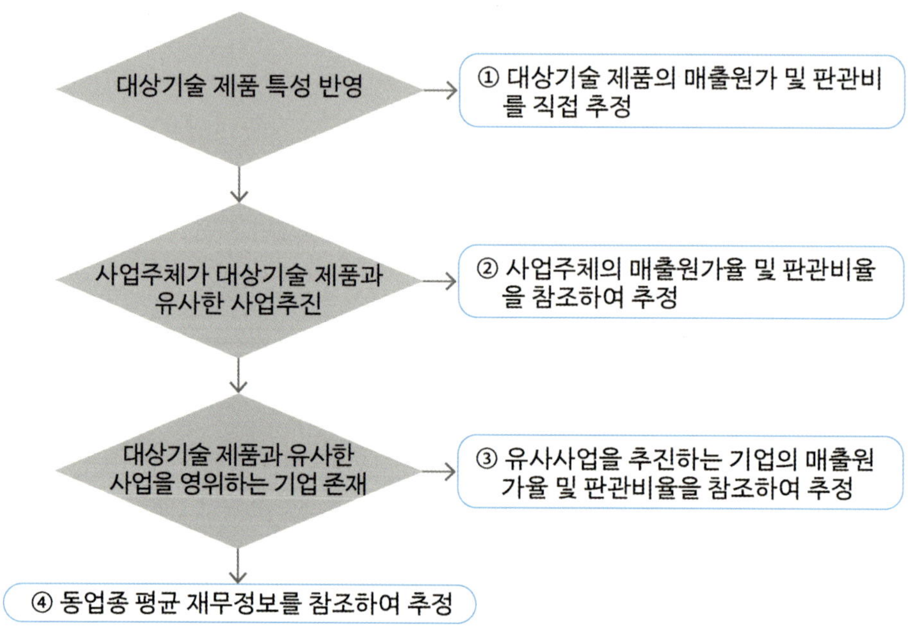

출처 : 산업통상자원부(2021.02), '2020 기술평가 실무가이드'

89) 원가동인(cost driver)은 원가를 배부하는 기준이다. 제품 생산에 투입된 원가를 생산량에 따라 배분한 경우에 생산량은 원가동인이 된다(출처 : 임태종(2015), '원가관리회계', 샘앤북스).

〈그림 6-4〉에서 매출원가와 판관비 추정순서는 첫째 대상기술제품의 재무자료의 확보가 가능하다면 매출원가와 판관비를 직접 추정한다. 둘째 사업주체의 과거 동일기술 또는 유사기술을 사업화한 실적이 있는 경우에 해당 매출원가율과 판관비율을 사용한다.[90] 셋째 대상기술 또는 사업주체의 해당 재무자료 확보가 어려운 경우 유사기술을 사업화한 대표기업 3~5개의 매출원가율과 판관비율을 사용한다. 마지막으로 유사기업의 자료 확보도 어려운 경우에는 동업종 평균 재무정보의 매출원가율과 판관비율을 참조하여 추정한다.

사업주체는 2020년 11월에 설립된 창업기업으로 대상기술제품은 2021년에 출시되었다. 평가기준일 현재 사업주체의 재무자료는 2020년과 2021년 자료가 있으나 제품출시 초기로 해당 재무자료를 통해 매출원가와 판관비를 직접 추정하기에는 어려움이 있다. 경쟁사인 오스템임플란트(주), 덴티움, 메가젠 임플란트 등은 상장사로 기업규모에서 사업주체와 상당한 차이가 있으므로 유사기업을 통해 매출원가율과 판관비율을 추정하기에는 적절치 않다고 판단된다.

본서는 이러한 상황을 고려하여 업종평균 재무자료를 사용하였다. 재무자료는 한국은행에서 제공하는 대상기술제품의 동업종인 '의료, 정밀, 광학기기 및 시계(C27)'의 최근 3개년(2019~2021년) 평균 재무자료를 사용하였다. 매출원가율과 판관비율의 산정 기간은 2019년부터 2021년까지 3년으로 하였다. 이는 특정 연도의 값을 사용할 경우 나타날 수 있는 특이성을 조정하기 위해서이다.

동업종인 '의료, 정밀, 광학기기 및 시계(C27)'의 평균 매출원가율에서 감가상각비율을 차감한 조정매출원가율은 〈표 6-12〉에서 66.53%이다. 사업주체의 자본적 지출에 대응하는 감가상각비를 반영하기 위해서 매출원가율에서 감가상각비율을 차감한 조정매출원가율을 사용한다.

---

90) 대상기술제품의 매출원가와 판관비를 사용하기 어려운 경우에 유사기업, 업종평균 등의 재무자료를 활용한다. 다만, 매출원가와 판관비의 금액이 아닌 매출원가율(= 매출원가/매출액)과 판관비율(= 판관비/매출액)의 재무비율을 이용한다. 재무비율의 자세한 내용은 본서의 '4.3 주요 재무비율 분석' 참조.

<표 6-12> 동업종(C27)의 3개년(2019~2021) 평균 매출원가율과 판매관리비율

(단위 : %)

구분	2019년	2020년	2021년	평균
매출원가율	70.60%	69.29%	69.28%	69.72%
감가상각비율	3.09%	3.20%	3.29%	3.19%
조정매출원가율	67.50%	66.09%	65.99%	66.53%
판매관리비율	23.83%	23.83%	24.95%	24.20%

주 : 조정매출원가율은 매출원가율에서 유·무형 자산에 대한 감가상각비율을 차감한 비율이다.
자료 : 한국은행경제통계시스템, 기업경영분석-중소기업, https://ecos.bok.or.kr/#/

대상기술제품의 매출원가는 추정 매출액에 동업종의 최근 3개년 평균 조정매출원가율(66.53%)을 곱하고 〈표 6-16〉에서 추정된 감가상각비를 가산하여 매출원가를 산출하였다. 판매관리비는 추정매출액에 동업종의 최근 3개년 평균 판관비율(24.20%)을 곱하여 산정하였다. 감가상각비율은 매출원가와 판관비에 있는 감가상각비율을 포함한 것으로 계산 편의를 위해 매출원가율에서 일괄 차감하였다.[91] 대상기술제품의 매출원가와 판매관리비 추정은 〈표 6-13〉과 같다.

<표 6-13> 매출원가 및 판매관리비

(단위 : 백만 원)

구분	1차년	2차년	3차년	4차년	5차년	6차년	7차년	8차년	9차년
매출액(A)	695	1,637	2,738	3,653	4,258	4,607	4,634	4,209	3,406
조정매출원가(B)	462	1,089	1,822	2,430	2,833	3,065	3,083	2,800	2,266
감가상각비(C)				45	45	45	45	45	45
매출원가 (D=B+C)	462	1,089	1,822	2,475	2,878	3,110	3,128	2,845	2,311
판매관리비(E)	166	390	652	870	1,015	1,098	1,104	1,003	812
영업이익 (F=A-D-E)	67	158	264	307	366	399	402	361	283

주 : 감가상각비(C)는 업종평균이 아닌 사업주체의 자본적 지출에 따른 감가상각비임(〈표 6-16〉)

91) 감가상각비는 제조원가명세서와 손익계산서의 유·무형 감가상각비의 합이다.

6.3.3 법인세 등

미래 현금흐름의 추정에서 법인세는 향후 부담할 법인세를 추정한다. 법인세 부과대상은 영업이익(EBIT)이다. 영업외손익의 이자비용 등은 할인율에 반영되므로 법인세는 세전순이익이 아닌 영업이익을 대상으로 산출한다.

평가기준일 현재 법인세율 과세표준은 2억 원 이하가 10%, 2억 원~200억 원 20%, 200억 원~3,000억 원 이하 22%, 3,000억 원 초과 25%이다. 대상기술과 관련한 추정 연도별로 산정된 영업이익의 규모에 따라 해당 법인세율을 적용한다. 추정의 편의상 각종 세무조정, 세액감면 및 세액공제 등의 고려는 생략하였다. 법인세 추정액은 〈표 6-14〉와 같다.

<표 6-14> 법인세 추정액

(단위 : 백만 원)

구분	1차년	2차년	3차년	4차년	5차년	6차년	7차년	8차년	9차년
영업이익	67	158	264	307	366	399	402	361	283
법인세율	• 2억 원 이하(10%), 2억 원 초과 200억 원 이하(20%), 200억 원 초과 3,000억 원 이하 (22%), 3,000억 원 초과(25%) • 법인세 산출세액의 10% 지방소득세 추가								
법인세 등	7	17	36	46	58	66	66	57	40

6.3.4 자본적지출

자본적지출(CAPEX : Capital Expenditure)은 영업활동[92]에 필요한 유형 및 무형자산에 대한 투자이다. 유형자산은 영업활동에 사용할 것을 목적으로 장기간 보유하는 자산으로 토지, 건물, 기계장치, 비품, 구축물 등이 있다. 무형자산은 영업활동에 사용할 것을 목적으로 물리적 실체가 없는 자산으로 영업권, 산업재산권, 라이선스와 프랜차이즈, 컴퓨터 소프트웨어 등이 있다.

92) 영업활동(operating)은 생산과 판매관리 활동이다.

자본적지출은 직접추정하는 것이 원칙이다. 다만, 사업주체가 확정되지 않거나 직접추정이 어려운 경우에 업종평균 자료를 사용하여 추정한다. 자본적지출은 토지, 건물 및 구축물, 기계장치, 무형자산, 기타자본적 지출 등로 구분하여 추정하는 것이 일반적이다.

사업주체가 이미 보유한 자산을 대상기술의 사업화에 사용할 경우에는 사업주체가 해당 자산을 투자한다고 가정하고 자본적지출로 고려할 수 있다. 이는 기회원가를 반영한 것이다. 사업주체가 보유한 기계설비의 잔존가액이 200만 원일 경우에 대상기술의 사업화에 사용하지 않고 처분한다면 200만 원의 영업외수익을 얻을 수 있다.[93] 기보유한 자산을 대상기술의 사업화에 사용할 경우에는 해당 자산의 잔존가액에서 사용될 부분만큼을 자본적지출로 처리할 수 있다.

본서에서 자본적지출은 사업주체의 투자계획을 반영하여 직접추정 하였다. 사업주체는 대상기술제품의 제조는 OEM방식으로 협력사에서 생산하고 매출이 본격적으로 발생하는 5차년도를 대비하여 4차년도에 자체 물류창고를 확보할 계획이다. 물류창고의 투자계획은 토지매입 2억 원, 건축비 1억 원, 시설장비 4억 원으로 수립하였다. 자본적지출은 〈표 6-15〉와 같다. 자본적지출은 감가상각을 통해 회수되다가 기술의 경제적수명이 종료되는 시기에 잔액이 전액 회수되는 것으로 가정하였다.

<표 6-15> 자본적지출

(단위 : 백만 원)

구분	1차년	2차년	3차년	4차년	5차년	6차년	7차년	8차년	9차년
토지				200					
건물구축물				100					
기계설비				400					
합계				700					

93) 기회원가(opportunity cost, 기회비용)는 여러 대안 중에 하나의 안을 선택하는 경우에 포기하는 차선의 대안을 선택할 경우에 얻을 수 있는 효익으로 측정된다(출처 : 김순기 · 황국재 · 임태종(2015), '원가관리회계', 홍문사).

6.3.5 감가상각비

유 · 무형자산에 대한 감가상각비는 〈표 6–15〉의 자본적 지출액을 근거로 해당 년도 투자에 대하여 법인세법 시행규칙 제15조 제3항에 따른 업종별자산의 기준내용연수 및 내용연수 범위표를 적용하여 산정한다. 법인세법 시행규칙에 따르면 '의료, 정밀, 광학기기 및 시계(C27)' 업종에서 건축구축물의 내용년수는 15~25년으로 평균 20년, 기계설비의 기준내용연수는 8~12년으로 평균 10년을 사용하고 정액법으로 추정하였다. 토지는 자본적지출에는 포함되지만 사용으로 인해 가치가 감소하지 않기 때문에 감가상각에서 제외된다.

<표 6–16> 감가상각비 산정

(단위 : 백만 원)

구분	1차년	2차년	3차년	4차년	5차년	6차년	7차년	8차년	9차년
건물구축물	0	0	0	5	5	5	5	5	5
기계설비	0	0	0	40	40	40	40	40	40
합계	0	0	0	45	45	45	45	45	45

6.3.6 운전자본 증감

운전자본(WC : Working Capital)은 경상적인 매출채권, 재고자산 및 매입채무 등을 보유함에 따라 소요되는 자금이다. 현금흐름 계산에서 매출채권, 재고자산 등 운전자본의 증가는 차감하고, 매입채무 등의 운전자본의 감소는 가산한다.

기술가치평가에서 운전자본증감액은 매출액 증감액에 운전자본소요율을 곱하여 산출한다. 운전자본소요율은 매출채권소요율에 재고자산소요율을 가산하고 매입채무소요율을 차감하여 산출한다. 운전자본소요율은 1회전운전기간과 동일한 개념이다.[94)]

94) 운전자본소요율의 세부 사항은 본서의 '4.3.3 활동성 분석' 참조.

$$\text{운전자본증감액} = \text{매출 증감액} \times \text{운전자본소요율}$$

$$\text{운전자본소요율} = \text{매출채권소요율} + \text{재고자산소요율} - \text{매입채무소요율}$$

$$\begin{aligned}\text{운전자본소요율(1회전운전기간)} \\ &= \text{매출채권회수기간} + \text{재고자산회전기간} - \text{매입채무회전기간} \\ &= \frac{1}{\text{매출채권회전율}} + \frac{1}{\text{재고자산회전율}} - \frac{1}{\text{매입채무회전율}}\end{aligned}$$

본서에서 운전자본증감은 한국은행의 '의료, 정밀, 광학기기 및 시계(C27)'의 2019~2021년 재무상태표와 손익계산서에서 매출채권, 재고자산, 매입채무, 매출액을 사용하여 운전자본소요율을 산출하고 대상기술제품의 추정된 매출액의 증가분을 곱하여 추정한다. 동업종의 최근 3개년 평균 매출채권회전율(4.57), 재고자산회전율(5.68), 매입채무회전율(11.59)이고 운전자본소요율은 30.85%가 산출되었다. 운전자본 증감액은 〈표 6-17〉과 같다. 운전자본은 매출 증가에 따라 필수적으로 수반되는 현금지출이고 기술의 경제적수명이 종료되는 시기에 전액 회수되는 것으로 가정한다.

<표 6-17> 운전자본 증감액

(단위 : 백만 원)

구분	1차년	2차년	3차년	4차년	5차년	6차년	7차년	8차년	9차년
매출증감액(A)	695	942	1101	915	605	348	27	-425	-803
운전자본소요율	30.85%	30.85%	30.85%	30.85%	30.85%	30.85%	30.85%	30.85%	30.85%
운전자본증감액 (B=A×30.85%)	214	291	340	282	187	107	8	-131	-248

6.3.7 투자액 회수

자본적지출 중 감가상각 후 잔액과 운전자본 증감 누계액은 기술의 경제적 수명 마지막 년도에 회수하는 것을 원칙으로 한다. 자본적지출 자산의 거래가능성이 낮다고 판단되는 경우에는 회수금액이 과대평가 될 수 있으므로 조장할 수 있다.

일반적으로 유형자산은 장부가액(상각후 잔액)으로 전액 회수할 수 있다고 가정한다. 무형자산은 자본적투자가 큰 경우는 많지 않으나 자본적투자가 발생하였을 때 현금흐름추정기간 종료시점에서 무형자산의 거래가능성이 높지 않은 경우가 많기 때문에 투자액 회수는 없는 것으로 가정할 수 있다.

투자액 회수 = (자본적 지출 누계액 – 감가상각비 누계액) + 운전자본 증감누계액

투자액 회수는 기술수명이 종료되는 사업년도에 감가상각 후 잔여액(자본적 지출 합계–감가상각비 등 합계)과 운전자본 증감누계액이 전액 회수되는 것으로 가정하고 〈표 6–18〉과 같이 산출하였다.

<표 6–18> 투자액 회수

(단위 : 백만 원)

자본적 지출 누계액(A)	감가상각 누계액(B)	고정자산 회수액(C=A–B)	운전자본 회수액(D)	투자액 회수(E=C+D)
700	270	430	1,051	1,481

6.3.8 추정 현금흐름

기업이 영업활동을 유지 또는 확대하면서 자유롭게 사용이 가능한 현금인 여유현금흐름은 세후영업이익으로부터 감가상각비를 가산하고 자본적지출과 운전자본증감을 차감하고 투자액회수를 가산하여 산출한다.

<표 6-19> **여유현금흐름 추정**

(단위 : 백만 원)

구분	1차년	2차년	3차년	4차년	5차년	6차년	7차년	8차년	9차년
영업이익(A)	67	158	264	307	366	399	402	361	283
법인세등(B)	7	17	36	46	58	66	66	57	40
세후영업이익 (C=A－B)	60	140	228	262	307	333	335	304	243
감가상각비(D)	0	0	0	45	45	45	45	45	45
자본적지출(E)	0	0	0	700	0	0	0	0	0
운전자본증감(F)	214	291	340	282	187	107	8	－131	－248
투자액 회수(G)									1,481
현금흐름(H) (H=C+D－E－F+G)	－155	－150	－112	－676	166	271	372	480	2,017

6.4 할인율

6.4.1 할인율 추정 근거

기술가치평가의 할인율(이하 '할인율')은 기술사업화 과정에 내재된 다양한 위험을 반영한 할인율(risk-adjusted discount rate)이다. 할인율은 경제적 수명기간동안 창출된 미래 현금흐름을 현재가치로 전환할 때 사용되는 환원율이고 가중평균자본비용(WACC)을 사용한다.[95]

> 가중평균자본비용(WACC) = 자기자본비용 × 자기자본구성비 +
> 타인자본비용 × 타인자본구성비 × (1 − 법인세율)

상장기업의 자기자본비용은 자산가치평가 분야에서 널리 사용하는 자본자산가격결정 모형(CAPM, Capital Asset Pricing Model)을 사용한다.

> 상장기업 자기자본비용 = $R_f + [E(R_m) - R_f] \times \beta$
>
> - R_f : 무위험이자율
> - $E(R_m)$: 시장 포트폴리오에 대한 기대수익률. 일반적으로 종합주가지수수익률을 대용치로 사용
> - $[E(R_m) - R_f]$: 시장위험프리미엄
> - 베타(β): 개별자산(또는 기업)의 체계적인 위험의 민감도

95) 가중평균자본비용(WACC)의 상세내용은 본서의 '4.4.3 자본비용(적정할인율)' 참조

중소기업의 자기자본비용(K_e)은 상장기업의 자기자본비용(상장기업 CAPM)에 중소기업 유형에 따른 규모위험 프리미엄과 사업화 위험에 따른 기술사업화 위험 프리미엄을 가산하여 추정한다.

중소기업 자기자본비용(K_e) = 상장기업 CAPM + 비상장 규모 위험프리미엄 + 기술사업화 위험프리미엄

출처 : 산업통상자원부(2021.02), '2020 기술평가 실무가이드'

중소기업의 타인자본비용은 타인자본에 대해 투자자가 요구하는 이자율(= 금융비용)로 간주할 수 있다. 다만, 국내 중소기업의 경우 금융비용은 정책금리의 성격이 강하여 중소기업의 타인자본비용으로 이자율을 사용하는 것은 적절치 않다. 따라서 중소기업의 타인자본비용은 업종별 상장기업의 타인자본비용 평균값에 추가위험 스프레드를 가산한 대용치를 사용한다.

중소기업 타인자본비용(K_d) = 상장기업 타인자본비용 + 추가위험 스프레드

출처 : 산업통상자원부(2021.02), '2020 기술평가 실무가이드'

추가위험 스프레드는 국내 민간채권평가사(한국자산평가, KIS 채권평가, 나이스피앤아이, 에프앤자산평가)의 신용등급별 회사채 수익률 자료와 재무제표에 의한 타인자본비용을 비교하여 상장기업의 신용등급을 A-로 가정하고 신용등급과 수익률 간의 회귀식을 적용하여 비상장기업의 추가위험 스프레드를 추정하였다. 중소기업의 타인자본비용 추가위험 스프레드는 〈표 6-20〉과 같다. 기업규모가 작을수록 추가위험 스프레드가 높아져서 타인자본비용이 증가하게 된다. 기술가치평가에서 중소기업의 자기자본비용과 타인자본비용은 산업별 할인율을 참조하여 사용한다(부록 3 산업별 할인율 산출표).

<표 6-20> 중소기업의 타인자본비용 추가위험 스프레드

구분	비상장 대기업 (BBB^+)	비상장 중기업 (BBB^0)	비상장 소기업 (BBB^-)	비상장 창업기업 (BB^+)
추가위험 스프레드	0.926	1.996	3.234	4.666

출처 : 산업통상자원부(2021.02), '2020 기술평가 실무가이드'

6.4.2 기술사업화 위험 프리미엄

기술사업화위험 프리미엄은 기술, 시장 및 사업 관점에서 해당 기술의 사업화 위험 수준으로 중소기업의 자기자본비용에 반영된다. 대상기술의 사업화위험 평가표는 〈표 6-21〉과 같다. 기술사업화 위험 프리미엄은 사업화위험 평가표의 점수(33점)와 '부록 2 기술사업화 위험 프리미엄'을 통해 4.1%가 산출되었다.

<표 6-21> 사업화위험 평가표

구분	평가항목	평점	구분	평가항목	평점
기술위험	차별성	4	시장 및 사업위험	시장진입 가능성	5
	기술경쟁강도	2		시장경쟁강도	3
	기술사업화 환경	4		시장의 성장 전망	3
	모방난이도	2		생산용이성	3
	권리안정성	4		수익성	3
점수			33		
위험프리미엄			4.1%		

차별성	경쟁기술은 치밀골과의 유착성을 높이는 것 등에 중점을 두고 있으나 대상기술은 골흡수 감소에 중점을 두어 내구성을 증가시키고 임플란트 시술시에 환자의 고통을 경감시키는 기술로써 차별성은 양호함.
기술경쟁강도	임플란트의 내구성을 위해 임플란트 식립 과정의 정교화, 임플란트의 길이 및 두께에 대한 연구 등 다양한 측면의 연구와 기술 발전이 이루어지고 있고 이를 기반으로 많은 제품이 출시 되고 있음. 목표시장에서 경쟁기술의 수가 많고 경쟁이 치열하여 기술경쟁강도는 미흡함
기술사업화환경	대상기술은 임플란트 나사선의 형태를 가공하는 것으로 기술의 완성도, 추가적인 기술개발 비용 및 시간, 관련제도 등을 고려할 때 제품화가 가능하여 기술사업화 환경은 양호함
모방난이도	대상기술은 나사선의 외형에 대한 설계 기술로서 리버스 엔지니어링이 용이하여 모방이 비교적 쉬우며 기술위험과 사업화 위험이 상대적으로 높아서 모방난이도는 미흡함
권리안정성	대상특허권의 선행특허 분석결과 임플란트 나사부에 대한 유사한 선행기술이 소수 존재하나, 대상특허의 권리의 저촉가능성이 낮아 권리의 안정성이 양호함

시장진입가능성	대상기술제품은 시장에 출시되어 매출이 발생하고 있으므로 시장진입가능성은 매우양호함
시장경쟁강도	대상기술제품의 목표시장인 국내 임플란트 시장은 오스템임플란트, 덴티움 및 메가젠 임플란트 등이 시장을 과점하고 있음. 시장경쟁강도가 사업화에 미치는 영향은 거의 없을 것으로 보이므로 시장경쟁강도는 보통임
시장의 성장전망	대상기술의 목표시장인 국내 치과용 임플란트 시장의 향후 5년간의 연평균성장률은 7.6%로 시장의 성장전망은 보통임
생산용이성	대상기술제품은 OEM방식의 협력사에 의해 생산되므로 생산용이성은 보통수준임
수익성	대상기술제품의 현금흐름 추정기간 동안의 영업이익률의 평균은 동업종과 유사하므로 수익성은 보통임

6.4.3 할인율 추정 결과

기술가치평가에서 할인율은 평가자가 관측가능한 자본시장이나 재무정보를 분석하여 할인율을 직접 산출할 수 있다. 직접 추정할 때는 산출절차와 근거를 제시해야 한다.

본서에서는 실무가이드의 산업별 할인율 산출표(부록 3)에서 대상기술이 속하는 표준산업분류(정형 외과용 및 신체 보정용 기기 제조업, C27192)의 상위 업종인 C27(의료, 정밀, 광학기기 및 시계)의 업종별 할인율 산출표를 사용하였다. 대상기술의 산업별 할인율 산출표는 〈표 6-22〉와 같다.

<표 6-22> 산업별 할인율 산출표(C27 업종)

산업	자기자본비용					자기자본 비율 (비상장)	세전 타인자본비용				
	상장 CAPM	비상장기업 규모프리미엄(포함)									
		대	중	소	창업		상장	대	중	소	창업
C27	7.07%	7.54%	8.62%	10.10%	11.35%	70.74%	5.29%	6.21%	7.28%	8.52%	9.95%

대상기술의 자기자본비용은 상장CAPM(상장사의 자기자본비용)이 포함된 비상장기업 규모프리미엄 창업(11.35%), 기술사업화 위험프리미엄(4.1%), 세전타인자본비용 창업(9.95%), 자기자본비율(비상장) 70.74%, 법인세율(15.15%)를 가중평균자본비용(WACC) 산출식인 〈표 6−23〉에 대입하여 할인율은 13.40%가 산출되었다.

<표 6-23> 할인율 추정 결과

자기자본비용	CAPM+규모 프리미엄(창업)[96]	기술사업화 위험프리미엄	합계
	11.35%	4.1%	15.45%
타인자본비용	9.95%		
자기자본비율	70.74	타인자본비율	29.26
법인세율	15.15%[97]		
WACC	13.40% = (15.45%×70.74) + (9.95%×29.26) × (1−0.1515)		

대상기술의 할인율(13.40%)을 통해 여유현금흐름을 현재가치화한 결과는 〈표 6−24〉와 같다. 1차년도에서 9차년도까지 여유현금흐름의 현재가치 합계는 457백만원으로 산출되었다.

<표 6-24> 여유현금흐름 현재가치 추정

(단위 : 백만 원)

구분	1차년	2차년	3차년	4차년	5차년	6차년	7차년	8차년	9차년
현금흐름	−155	−150	−112	−676	166	271	372	480	2,017
현가계수	0.8818	0.7776	0.6857	0.6047	0.5333	0.4702	0.4147	0.3657	0.3225
현금흐름의 현재가치	−137	−117	−77	−409	88	127	154	175	650
현재가치 합계	457								

평가기준일 : 2022년 12월 1일

96) 사업주체는 2020년 11월 15일에 중소기업 규모로 설립되었고 평가기준일(2022.12.01.)에 설립된지 7년 미만으로 창업기업에 해당한다.

97) 법인세율은 대상기술제품의 추정 현금흐름기간 동안 영업이익에 대한 평균 법인세율임

6.5 기술기여도 및 기술가치산출

기술가치는 기술사업화를 전제로 창출되는 기술사업화에 의해 발생될 것으로 예상되는 미래 사업가치(Business Value)에 기술기여도를 곱하여 산출한다. 기술기여도는 미래 현금흐름의 현재가치에 기여한 유·무형자산 중 기술자산(또는 기술요소)이 공헌한 비중으로 대상기술이 수익창출(또는 비용절감)에 공헌한 정도이다.

$$V_T = \left(\sum_{t=1}^{n} \frac{CF_t}{(1+r)^t}\right) \times \text{기술기여도}$$

- n : 대상기술의 경제적 수명을 고려한 현금흐름 추정기간
- t : t년도
- CF_t : t년도 현금흐름
- r : 할인율
- 기술기여도 : 사업가치 중 기술이 기여하는 비율
  산업기술요소 × 개별기술강도 × 기술의 비중
- 기술의 비중 : 대상기술 제품(서비스)을 구성하는 전체 기술 중에서 대상기술이 차지하는 비중

출처 : 산업통상자원부(2021.02), '2020 기술평가실무가이드'

기술기여도는 업종 특성과 개별기술 특성을 동시에 반영할 수 있는 기술요소법을 적용하여 추정한다.

기술기여도(%) = 산업기술요소 × 개별기술강도 × 기술의 비중

- 산업기술요소 = 최대 실현 무형자산가치비율 × 평균기술자산비율
- 무형자산가치 = 기업시장가치(시가총액) – 순자산가치
- 순자산가치 = 자산총액 – 부채총액
- 무형자산가치비율 = 무형자산가치 / 기업시장가치(시가총액)
- 기술자산비율 = 연구개발비 / (연구개발비+광고선전비+교육훈련비)
- 개별기술강도 : 산업 선도기술 대비 대상기술의 상대적인 수준(개별기술강도는 기술성과 사업성 평가지표를 통해 추정)
- 기술의 비중 : 대상기술 제품(서비스)을 구성하는 전체 기술 중에서 대상기술이 차지하는 비중

출처 : 산업통상자원부(2021.02), '2020 기술평가실무가이드'

6.5.1 산업기술요소

산업기술요소는 산업별로 기업가치에서 무형자산을 분리한 후에 무형자산에서 기술자산을 분리하여 산출한다. 산업기술요소는 업종의 특성을 반영한다. 기술평가 실무가이드에서 제공하는 산업기술요소는 국내 상장사(코스닥, 코스피)를 대상으로 최근 10년간(2010~2019년)의 기업 재무데이터에서 업종별 무형자산의 가치가 5% 이상인 기업을 대상으로 산출한 정보를 활용하였다. 산업기술요소는 산업 내에서 기업가치 중 무형자산이 공헌하는 최대 비율과 무형자산 중 기술자산이 공헌하는 비율을 곱하여 산출한다. 대상기술은 'C27(의료, 정밀, 광학기기 및 시계)'업종에 해당하므로 산업기술요소는 71.08%로 산출되었다.[98]

<표 6-25> 산업기술요소(예시)

표준산업분류 코드		최대무형자산 가치비율	기술자산 비율	산업기술 요소
C21	의료용 물질 및 의약품 제조업	88.01%	96.89%	85.28%
C22	고무제품 및 플라스틱제품 제조업	57.98%	98.18%	56.92%
C23	비금속 광물제품 제조업	64.71%	87.82%	56.83%
C24	1차 금속 제조업	80.52%	97.65%	78.63%
C25	금속가공제품 제조업 : 기계 및 가구 제외	58.50%	95.11%	55.64%
C26	전자부품, 컴퓨터, 영상, 음향 및 통신장비 제조업	68.05%	97.78%	66.54%
C27	의료, 정밀, 광학기기 및 시계 제조업	76.14%	93.35%	71.08%

98) 산업기술요소는 부록 4 업종별 산업기술요소 참조

6.5.2 개별기술강도

기술요소법에서 산업의 특성은 산업기술요소에 의해 반영되고 개별기술이 지닌 기술적, 사업적 특성은 개별기술강도를 통해 반영된다. 개별기술강도는 산업 평균 기술자산과 비교하여 대상기술이 어느 정도 수준인지를 평가한다.

개별기술강도는 기술성과 사업성의 평가항목으로 대상기술의 사업화 과정에서 기술적 우위성, 권리성 및 상업적 가능성을 측정하여 기술사업화 과정에서 사업가치(Business Value) 창출에 공헌한 수준을 평가한다. 대상기술의 기술성 및 사업성 평가결과는 〈표 6−26〉과 같으며 평가결과는 69점이 산출되었다.

<표 6−26> 기술성 및 사업성 평가결과

<기술성 평가표>		<사업성 평가표>	
평가항목	점수	평가항목	점수
혁신성	3	시장진입 가능성	5
차별성	4	수요 민감도	3
대체가능성	3	예상 시장점유율	2
활용성	4	사업화 준비기간	5
파급성	3	사업화 소요자본	4
진부화가능성	3	생산용이성	3
모방난이도	2	경제적 수명	4
권리보호강도	3	매출 성장추세	5
권리안정성	4	수익성	3
침해발견 및 입증용이성	4	파생적 매출	2
합계	**33**	**합계**	**36**

혁신성	대상기술은 임플란트의 수명을 증가시키기 위한 다양한 개선 요인 중에 골흡수를 저감하는 방식에 속하는 기술로서 임플란트의 나사산 하부 형상을 곡선 형태로 설계한 것으로 기술로 혁신성은 보통임
차별성	경쟁기술은 치밀골과의 유착성을 높이는 것 등에 중점을 두고 있으나 대상기술은 골흡수 감소에 중점을 두어 내구성을 증가시키고 임플란트 시술시에 환자의 고통을 경감시키는 기술로써 차별성은 양호함

대체가능성	대상기술은 임플란트의 내구성을 늘리는 여러 기술 분야 중에서 임플란트의 나사부의 나사산 하부를 곡면으로 설계하여 저작 부하를 줄여 골흡수를 감소시키는 기술로서 특허출원추세, 연관기술의 연구개발 및 신제품출현빈도등을 종합적으로 고려할 경우에 향후 3년간 대체기술이 출현할 가능성은 보통임
활용성	대상기술은 임플란트의 내구성을 증가시키기 위한 기술로써 사업주체의 핵심기술이고 현재 사업전략과 부합하고 사업주체는 대상기술을 활용하여 사업화를 추진하고 있으므로 활용성은 양호함
파급성	대상기술은 이미 기계설계 분야 등에서 사용되고 있는 응용기술임. 대상기술의 향후 다른 산업으로의 응용가능성, 융합기술로써 개발가능성, 타제품 및 시장으로의 확장은 보통임
진부화가능성	대상기술의 진부화 가능성은 일정 기간 이후에 시장에 진입한 신기술과 관련성이 있으므로 TCT지수의 중앙값을 기준으로 평가함. 대상기술은 국제특허분류(IPC)는 A61C이고 TCT 지수의 중앙값(Q2)은 9년으로 진부화가능성은 보통임
모방난이도	대상기술은 나사선의 외형에 대한 설계 기술로서 리버스 엔지니어링이 용이하여 모방이 비교적 쉬우며 기술위험과 사업화 위험이 상대적으로 높아서 모방난이도는 미흡함
권리보호강도	대상특허권의 청구범위가 주요 기능화 핵심 생산라인 제품만을 보호하고 있어서 권리보호강도는 보통임
권리안정성	대상특허권의 선행특허 분석결과 임플란트 나사부에 대한 유사한 선행기술이 소수 존재하나, 대상특허의 권리의 저촉가능성이 낮아 권리의 안정성이 양호함
침해발견 및 입증용이성	대상특허권은 육안으로 보이는 기술 결과물로서 정밀 3D 측정으로 외관의 형상에 대한 모방 유무의 확인이 가능하여 특허 침해 발견 및 입증이 양호함
시장진입 가능성	대상기술제품은 시장에 출시되어 매출이 발생하고 있으므로 시장진입가능성은 매우 양호함
수요민감도	치과용 보철치료는 치아건강과 안면미용에 중요하고 경기상황, 가격 등에 영향을 민감하게 반응하지 않을 것으로 보이므로 수요민감도는 보통임

예상 시장점유율	대상기술제품은 치아용 임플란트의 내구성을 늘리고, 임플란트 시술시에 환자의 고통을 경감시켜주는 경쟁력을 가지고 있으나 사업주체는 아직은 창업기업으로 자금과 마케팅 역량 등의 한계로 예상시장점유율은 국내시장에서 하위그룹에 속할 것으로 보이므로 미흡함
사업화 준비기간	대상기술제품은 시장에 출시되어 매출이 발생하였으므로 사업화준비기간이 별도로 필요하지 않아서 사업화준비기간은 매우 양호함
사업화 소요자본	대상기술제품은 OEM방식의 협력사에 의해 생산되므로 설비 등의 사업화소요자금이 크지 않을 것이므로 사업화 소요자금은 양호함
생산용이성	대상기술제품은 OEM방식의 협력사에 의해 생산되므로 생산용이성은 보통임
경제적 수명	대상기술의 경제적 수명은 9년이므로 양호한 수준임
매출 성장추세	대상기술제품의 현금흐름 추정기간 동안의 평균 매출액 성장률은 동업종보다 3배이상 높으므로 매출 성장추세는 매우 양호함
수익성	대상기술제품의 현금흐름 추정기간 동안의 영업이익률의 평균은 동업종과 유사하므로 보통수준임
파생적 매출	대상기술은 이미 기계설계 분야 등에서 사용되고 있어서 파생적매출이 발생할 가능성이 있으나 사업주체는 치과용 임플란트 제조에 집중하고 여력이 충분치 않아서 파생적매출은 미흡함

6.5.3 기술의 비중

기술의 비중을 추정하는 방법은 전문가합의에 의한 방법, 기술구성표를 적용한 방법 등이 있다. 기술의 비중을 100%로 산출한 경우에 근거를 명시해야 한다. 대상특허뿐 아니라 최종제품 생산과정에서 노하우가 중요할 경우 또는 시스템 관련 기술에서 BOP(Balance of Plant, 주변설비) 개발에 별도의 노력이나 비용이 소요되는 경우에는 해당사항을 기술기여도에 반영할 수 있다.

본서는 기술구성표를 통해 기술의 비중을 추정하였다. 대상기술의 기술의 비중 산정표는 〈표 6-27〉와 같다. 대상기술은 나사부 형태설계, 임플란트 정밀가공기술, 임플란트 나사부 호브형 등으로 사업화제품을 구성하고 있으며 기술의 비중은 74.0%가 산출되었다.

<표 6-27> 기술의 비중 산정표

제품기술분류	비중(A)	세분류_요소기술	비중(B)	대상특허	(A)×(B)
나사부 형태 설계 (나사산하부곡면설계 및나삿등의날카로운 부분제거)	60%	나사부 저작압 분산 구조 검토 기술	60%	○	36.0%
		나사부 힘 분산 구조 해석 기술	30%	○	18.0%
		결과 분석 기술	5%		0.0%
		소 계(①)	54.0%		
임플란트 정밀가공기술	20%	정밀가공기술	100%		0.0%
		소계(②)	0.0%		
임플란트 나사부의 호브(Hob)형 구성(임플란트 식립 편의 및 통증 감소)	20%	나사부 호브 구조 검토 기술	80%	○	16.0%
		호브형 구조 해석 기술	20%	○	4.0%
		소 계(③)	20.0%		
④ 총 계(①+②+③)					74.0%

6.5.4 기술기여도 산출

대상기술은 표준산업분류 상 'C27(의료, 정밀, 광학기기 및 시계)'에 해당하고 산업기술요소는 71.08%이다. 기술성 및 사업성 평가를 통하여 개별기술강도는 69점이고 기술의 비중은 74.0%로 대상기술의 기술기여도는 36.29%로 산출되었다.

<표 6-28> 개별기술강도 및 기술기여도

산업기술요소(%)(A)	71.08%	
개별기술강도(점)	기술성	사업성
	33	36
기술성 및 사업성 강도의 합계(B)	69.0%	
기술의 비중(C)	74.0%	
최종 기술기여도(%)(D=A×B×C)	36.29%	

6.5.5 추정 사업가치 및 기술가치

대상기술의 사업화로 미래에 창출될 것으로 예상되는 현금흐름을 현재가치로 환산하면 사업가치이다. 기술가치는 사업가치에 기술이 기여한 부분인 기술기여도를 곱하여 산출한다. 대상기술의 현금흐름의 현재가치 합계인 사업가치는 457백만 원으로 산출되었으며 기술기여도(36.29%)를 곱하여 기술가치는 166백만 원으로 추정된다.

<표 6-29> 기술가치 산출표

(단위 : 백만 원)

구 분	1차년	2차년	3차년	4차년	5차년	6차년	7차년	8차년	9차년
매 출 액	695	1,637	2,738	3,653	4,258	4,607	4,634	4,209	3,406
매출원가	462	1,089	1,822	2,475	2,878	3,110	3,128	2,845	2,311
판매관리비	166	390	652	870	1,015	1,098	1,104	1,003	812
영업이익	67	158	264	307	366	399	402	361	283
법인세 등	7	17	36	46	58	66	66	57	40
세후영업이익(A)	60	140	228	262	307	333	335	304	243
감가상각비(B)	0	0	0	45	45	45	45	45	45
자본적지출(C)	0	0	0	700	0	0	0	0	0
운전자본증감(D)	214	291	340	282	187	107	8	-131	-248
투자액회수(E)									1,481
현금흐름(F) (F=A+B-C-D+E)	-155	-150	-112	-676	166	271	372	480	2,017
현가계수(G)	0.8818	0.7776	0.6857	0.6047	0.5333	0.4702	0.4147	0.3657	0.3225
현재가치(H) (H=F×G)	-137	-117	-77	-409	88	127	154	175	650
현재가치 합계 (I=ΣH)	457백만 원								
기술기여도(J)	36.29%								
기술가치(K) (K=I×J)	166백만 원								

평가기준일 : 2022년 12월 1일

부록

스타트업을 위한 기술금융과 기술가치평가

1. 정성적 평가의 평가항목
   1.1 기술성 평가항목
   1.2 권리성 평가항목
   1.3 시장성 평가항목
   1.4 사업성 평가항목
2. 기술사업화 위험 프리미엄
3. 산업별 할인율 산출표
4. 업종별 산업기술요소

참고문헌

부록 1

정성적 평가의 평가항목

1.1 기술성 평가항목

<표 1> 기술성 평가항목

평가항목	평가지표	점수
우월성	대상기술의 유형을 파생기술, 응용기술, 원천기술 등으로 구분하고, 기술적 우월성을 판단함. 가장 높은 범주인 원천기술이란 해당 기술군에서 기술표준을 주도하는 기술을 의미함 ① 기술적 우월성이 없음 ② 파생기술 및 응용기술로서 기술적 우월성이 미흡함 ③ 파생기술 및 응용기술로서 기술적 우월성이 보통임 ④ 원천기술에 근접하는 기술로써 기술적 우월성이 높음 ⑤ 원천기술로써 기술적 우월성이 매우 높음	
혁신성	대상기술을 기술혁신의 응용과 확산 정도에 따라 혁신기술(revolutionary), 주요 개량기술(major improvement), 보통 개량기술(minor improvement), 일부 개량 및 기존 기술과 유사 등으로 구분하여 평가함 – 여기서 혁신기술이란 기존기술을 대체할 수 있는 신기술을 의미하고, 개량기술은 기존 제품 혹은 서비스에 기술적 우위성을 부가하는 기술을 의미함 ① 대상기술은 혁신관점에서 기존 기술과 매우 유사하거나 동일함 ② 대상기술은 기존 기술에 비해 일부 개량됨 ③ 대상기술은 기술의 일부가 혁신적인 기술임(보통 개량기술) ④ 대상기술의 상당 부분이 혁신적인 기술임(주요 개량기술) ⑤ 대상기술 자체가 혁신적인 기술임(혁신기술)	

<table>
<tr><th>평가항목</th><th>평가지표</th><th>점수</th></tr>
<tr><td>차별성</td><td>경쟁기술 대비 대상기술의 차별적 속성을 평가함. 차별적 속성을 비교할 수 있는 항목 중 단일 항목의 차별성이 매우 높은 경우 혹은 복수 항목의 차별성이 모두 유의한 경우에 양호 또는 우수로 평가할 수 있음
기술의 차별성을 평가할 수 있는 항목은 다음과 같음
<검토항목>
- 생산수율 또는 기능 개선
- 원가절감 또는 시간절감
- 공정 또는 공법 개선
- 사용편의성
- 기타
① 경쟁기술에 비해 차별성이 거의 없음
② 경쟁기술에 비해 차별성이 약함
③ 경쟁기술에 비해 차별성이 보통 수준임
④ 경쟁기술에 비해 차별성이 양호함
⑤ 경쟁기술에 비해 차별성이 우수함</td><td></td></tr>
<tr><td>기술
경쟁강도</td><td>현재 목표시장에서 대상기술과 연관이 있는 경쟁기술(유사기술)의 수, 기술 간 상호 경쟁관계 등을 파악하고 기술 간 경쟁구조와 경쟁환경이 대상기술의 사업화에 미치는 영향을 평가함
① 목표시장에 경쟁기술의 수가 매우 많고 경쟁이 매우 치열함
② 목표시장에 경쟁기술의 수가 많고 경쟁이 치열함
③ 목표시장에 경쟁기술의 수와 경쟁이 보통 수준임
④ 목표시장에 경쟁기술의 수가 적고 경쟁정도가 낮음
⑤ 목표시장에 경쟁기술이 거의 없음</td><td></td></tr>
<tr><td>대체
가능성</td><td>향후 대상기술을 대체할 수 있는 또 다른 혁신기술이 출현할 가능성을 평가함
- 향후 3년간 대체기술의 출현 가능성을 판단하기 위하여 1) 특허출원 추세, 2) 연관기술의 연구개발 동향, 3) 신제품 출현빈도 등을 종합적으로 고려하여 평가함
① 향후 3년간 대체기술이 출현할 가능성이 매우 높음
② 향후 3년간 대체기술이 출현할 가능성이 높음
③ 향후 3년간 대체기술이 출현할 가능성이 보통임
④ 향후 3년간 대체기술이 출현할 가능성이 낮음
⑤ 향후 3년간 대체기술이 출현할 가능성이 거의 없음</td><td></td></tr>
</table>

평가항목	평가지표	점수
활용성	대상기술이 사업주체의 핵심기술로서 현재 사업전략과 부합하고, 기술의 활용을 통해 경제적 이익을 창출할 수 있는 기술인지를 평가함 – 핵심기술은 사업 전체를 포괄할 수 있는 중심기술을 의미하고, 주변기술은 핵심기술에서 벗어난 구성기술을 의미함. 만약 대상기술이 핵심기술이 아니거나 시장에 유사기술이 다수인 경우 활용성이 낮아지게 됨 ① 대상기술과 유사한 기술이 다수 존재하여 사업주체에게 활용성이 매우 낮음 ② 대상기술은 주변(구성)기술로 사업주체에게 활용성이 낮음 ③ 대상기술은 주변(구성)기술로 사업주체에게 활용성이 있음 ④ 대상기술은 핵심기술이고 사업주체에게 활용성이 높음 ⑤ 대상기술은 핵심기술이고 사업주체에게 활용성이 매우 높음	
전망성	대상기술이 속해 있는 기술분야에서의 기술개발 동향 및 연구개발 추세 등을 고려하여 대상기술군의 전망성을 평가함 – 기술의 전망성은 해당 기술분야의 최근 특허 출원 동향 및 추세에 근거하여 판단할 수 있음 ① 대상기술이 속한 기술분야는 기술수명주기상 기술변화가 거의 없는 쇠퇴기로서 발전가능성이 낮음 ② 대상기술이 속한 기술분야는 기술수명주기상 검증이 필요한 도입기로서 발전가능성이 불확실함 ③ 대상기술이 속한 기술분야는 기술수명주기상 성숙기에 진입하여 성장성이 둔화되고 있으므로 발전가능성이 보통임 ④ 대상기술이 속한 기술분야는 기술수명주기상 성장기 후기의 기술로 발전가능성이 다소 높음 ⑤ 대상기술이 속한 기술분야는 기술수명주기상 성장기 초기 기술로 발전가능성이 매우 높음	
파급성	대상기술이 현재 적용될 수 있는 시장 및 제품 이외에 향후 응용 가능성 및 융합기술의 개발에 적용될 가능성을 평가함. 즉, 대상기술의 향후 타제품 및 시장으로의 확장, 적용 가능성을 평가함 ① 적용 가능성이 거의 없음 ② 적용 가능성이 일부 있음 ③ 적용 가능성이 보통 수준임 ④ 적용 가능성이 높음 ⑤ 적용 가능성이 매우 높음	

평가항목	평가지표	점수
진부화 가능성	기술의 진부화 시점은 일정한 기간 후 시장에 진입할 신기술과 연관성이 높음. 기술의 진부화 가능성을 TCT 지수의 Q2 값의 분포로부터 설정된 기준에 의하여 평가함 * 대체 가능성이 낮은 경우(4~5점)에는 한단계 조정할 수 있음 ① Q2값이 6년 이하 ② Q2값이 7-8년 ③ Q2값이 9년 ④ Q2값이 10년 ⑤ Q2값이 11년 이상	
기술사업화환경	기술적 관점에서 기술의 완성도, 추가적인 기술개발 비용 및 시간, 기술 관련 법·제도적 규제나 지원 등을 종합적으로 고려하여 기술사업화 환경의 유불리를 평가함 ① 기술사업화 환경이 매우 불리함 ② 기술사업화 환경이 불리함 ③ 기술사업화 환경이 보통 수준임 ④ 기술사업화 환경이 유리함 ⑤ 기술사업화 환경이 매우 유리함	
모방 난이도	기술수준의 고도성 또는 복잡성으로 인해 모방이 어려운 정도를 평가함. 외부 공개 자료에 의한 모방 가능성 정도, 출시 제품에 대한 리버스 엔지니어링을 통한 모방 가능성 정도 등을 종합적으로 고려함 - 대상기술의 모방난이도가 높을수록 상당기간 동안 모방이 어렵기 때문에 기술위험이 상대적으로 낮아지고 사업화 위험도 낮아짐 ① 대상기술의 모방이 쉬움 ② 대상기술의 모방이 비교적 쉬움 ③ 대상기술의 모방 가능성이 보통임 ④ 대상기술의 모방이 어려움 ⑤ 대상기술의 모방이 매우 어려움	

출처 : 산업통상자원부(2021.02), '2020 기술평가실무가이드'

1.2 권리성 평가항목

권리성 평가항목은 기술가치평가 방법(수익접근법, 로열티공제법 등)에 따라 사용하는 평가항목의 개수가 서로 상이하다. 여기서는 수익접근법에 해당하는 항목을 제시한다.

<표 2> 권리성 평가항목

평가항목	평가지표	점수
권리보호 강도	대상특허권의 권리범위는 특허출원서에 첨부한 명세서의 특허청구 범위에 기재된 사항에 의하여 결정됨. 따라서 권리범위를 평가하기 위해서 독립항의 주요 구성요소를 구분하여 나열한 후, 1) 청구범위에 한정적인 구성요소가 있는지 여부, 2) 기술적 핵심 구성요소가 청구범위에 언급되었는지 여부를 검토한 후 권리범위의 명확성과 보호강도를 평가함 ① 특허의 청구범위가 좁고 명확하지 않아 보호되기 어려움 ② 특허의 청구범위가 좁고 보호될 수 있는 부분이 적음 ③ 특허의 청구범위가 주요 기능과 핵심 생산라인 제품만을 보호함 ④ 특허의 청구범위가 현재사업의 모든 제품을 보호할 만큼 충분히 넓음 ⑤ 특허의 청구범위가 명확하고 넓으며 잠재적인 사업라인까지도 보호 가능함	
권리 안정성	대상특허권의 권리안정성은 선행특허 분석 결과에 근거하여 등록된 권리가 무효화되지 않고 안정적으로 유지될 가능성을 평가함. 만약 유사특허 권리가 다수 존재할 경우 이들 권리들을 비교하여 권리의 안정성을 평가함 * 출원 중인 특허에 대해서는 최대 3점을 부여할 수 있음 ① 대상기술과 동일한 선행기술이 다수 존재하며, 선행특허 분석결과 보유한 핵심 권리가 저촉될 가능성이 매우 높음 ② 유사한 선행기술이 다수 존재하며, 선행특허 분석결과 보유한 핵심 권리가 저촉될 가능성이 높음 ③ 유사한 선행기술이 일부 존재하며, 선행특허 분석결과 보유한 일부 권리가 제한될 가능성이 존재함 ④ 유사한 선행기술이 소수 존재하나, 선행특허 분석결과 보유한 권리의 저촉가능성이 낮아 권리의 안정성이 높음 ⑤ 유사한 선행기술이 없거나 혹은 있다고 할지라도 선행특허 분석결과 보유한 모든 권리의 저촉 가능성은 매우 낮아 권리의 안정성이 매우 높음	

침해발견 및 입증 용이성	특허 침해의 발견이 얼마나 용이한가, 특허 침해 입증을 위해 어느 정도의 노력과 비용이 필요한가를 판단하여 평가함 – 권리안정성이 있고 사업보호가 가능하나 침해 발견 및 입증이 어렵다면 IP의 가치는 낮아질 수 있음 – 발명의 카테고리 측면에서 장치발명은 방법발명이나 물질발명보다 침해 발견 및 입증이 용이함. 다만, 방법발명의 경우에도 최종제품에 방법 수행의 증거가 남는다면 침해 입증이 비교적 용이할 수 있으며, 장치발명의 경우에도 임베디드 시스템 동작에 관한 발명인 경우에는 침해 입증이 어려울 수 있어, 특허청구범위의 보호범위를 고려하여 전반적으로 판단함 ① 특허 침해발견 및 입증이 불가능함 ② 침해자 측의 자료 확보 없이 특허 침해발견 및 입증이 어려움 ③ 정밀한 실험이나 조사를 통해 특허 침해발견 및 입증이 가능함 ④ 간단한 실험이나 조사를 통해 특허 침해발견 및 입증이 가능함 ⑤ 특허 침해발견 및 입증이 매우 용이함	

출처 : 산업통상자원부(2021.02), '2020 기술평가실무가이드'

1.3 시장성 평가항목

<표 3> 시장성 평가항목

평가항목	평가지표	점수
시장진입 가능성	시장진입 장애요인을 분석하여 대상기술의 시장진입 가능성을 평가함 <검토항목> – 시장을 주도하는 기업으로 인해 시장진입이 어렵다. – 제품 차별화 요인이 크지 않아 시장진입이 어렵다. – 기존 경쟁자의 유통망이 견고하여 시장진입이 어렵다. – 시장에 진입하기 위한 소요자본 규모가 크다. – 법 · 제도적인 장애요인이 많다. ① 4가지 이상 장애요인 있음 ② 3가지 장애요인 있음 ③ 2가지 장애요인 있음 ④ 1가지 장애요인 있음 ⑤ 장애요인이 없음 * 이미 시장에 진입하여 매출이 발생한 경우에는 보통 이상으로 평가할 수 있음	
시장 경쟁강도	대상기술이 속한 목표시장의 경쟁구조, 시장지배자의 유형, 독과점 여부, 경쟁제품의 수 등 시장의 경쟁강도가 대상기술의 사업화에 미치는 영향을 평가함 – 일반적으로 독과점 정도가 높을수록 혹은 시장 선도기업들의 경쟁이 치열할수록 시장침투가 용이하지 않기 시장위험이 상대적으로 커지게 됨. 그러나 대상기업이 경쟁력이 있고 이미 목표시장에 진입한 경우 독과점 시장구조가 사업화에 유리할 수 있음 ① 목표시장의 경쟁강도가 대상기술의 사업화에 매우 불리함 ② 목표시장의 경쟁강도가 대상기술의 사업화에 불리함 ③ 목표시장의 경쟁강도가 대상기술의 사업화에 거의 영향이 없음 ④ 목표시장의 경쟁강도가 대상기술의 사업화에 유리함 ⑤ 목표시장의 경쟁강도가 대상기술의 사업화에 매우 유리함	

시장 경쟁의 변화	향후 3~5년 이내 경쟁상황(경쟁제품의 수, 경쟁기업의 수 등)의 변화가 대상기술의 사업화에 미치는 영향을 평가함 ① 향후 시장에서 경쟁상황 또는 경쟁구조의 변화가 기술사업화에 매우 부정적인 영향을 미침 ② 향후 시장에서 경쟁상황 또는 경쟁구조의 변화가 기술사업화에 부정적인 영향을 미침 ③ 향후 시장에서 경쟁상황 또는 경쟁구조의 변화가 기술사업화에 거의 영향을 미치지 않음 ④ 향후 시장에서 경쟁상황 또는 경쟁구조의 변화가 기술사업화에 긍정적인 영향을 미침 ⑤ 향후 시장에서 경쟁상황 또는 경쟁구조의 변화가 기술사업화에 매우 긍정적인 영향을 미침	
시장의 성장전망	시장성 분석에서 전망한 향후 5년간 목표시장의 연평균 성장률을 통해 시장의 성장성을 평가함 ① 목표시장의 향후 연평균 성장률이 마이너스(-)로 예상됨 ② 목표시장의 향후 연평균 성장률이 5% 미만으로 예상됨 ③ 목표시장의 향후 연평균 성장률이 5~10% 미만으로 예상됨 ④ 목표시장의 향후 연평균 성장률이 10~15% 미만으로 예상됨 ⑤ 목표시장의 향후 연평균 성장률이 15% 이상으로 예상됨	
신제품 출현 가능성	목표시장에서 향후 3년 이내에 경쟁 신제품이 출현할 가능성에 대해 평가함 ① 경쟁 신제품이 출현할 가능성이 매우 높음 ② 경쟁 신제품이 출현할 가능성이 높음 ③ 경쟁 신제품이 출현할 가능성이 있음 ④ 경쟁 신제품이 출현할 가능성이 낮음 ⑤ 경쟁 신제품이 출현할 가능성이 매우 낮음	
수요 민감도	대상 제품에 대한 수요가 경기변동, 가격, 품질, 디자인 등에 얼마나 민감하게 영향을 받는지를 종합적으로 고려하여 평가함 ① 수요민감도가 매우 높음 ② 수요민감도가 높음 ③ 수요민감도가 보통임 ④ 수요민감도가 낮음 ⑤ 수요민감도가 매우 낮음	

평가항목	평가지표	점수
예상 시장점유율	시장 내 경쟁자 수, 경쟁상황, 대상기술 제품의 경쟁력, 사업주체의 사업화 역량 등을 종합적으로 고려하여 대상기술 제품이 현금흐름 추정기간 동안 목표시장에서 점유할 수 있는 최대 시장점유율을 통해 예상 시장점유율을 평가함 시장점유율은 현금흐름 추정기간 동안의 최대 예상시장점유율을 기준으로 함 목표시장이란 해당 제품 또는 부품 자체가 판매되는 시장으로서, 상위시장과 구분되는 시장임 ① 대상기술제품의 예상 시장점유율이 목표시장에서 매우 낮을 것으로 예상됨 ② 대상기술제품의 예상 시장점유율이 목표시장에서 하위그룹 수준일 가능성이 높음 ③ 대상기술제품의 예상 시장점유율이 목표시장에서 중간그룹 수준일 가능성이 높음 ④ 대상기술제품의 예상 시장점유율이 목표시장에서 선두그룹 수준일 가능성이 높음 ⑤ 대상기술제품의 예상 시장점유율이 목표시장에서 선두그룹 수준일 가능성이 매우 높음	

출처 : 산업통상자원부(2021.02), '2020 기술평가실무가이드'

1.4 사업성 평가항목

<표 4> 사업성 평가항목

평가항목	평가지표	점수
사업화 준비기간	기술사업화까지 소요되는 준비기간이 어느 정도인지를 평가함 ① 기술사업화를 위해 2년 이상의 준비기간이 필요함 ② 기술사업화를 위해 1년~2년 미만의 준비기간이 필요함 ③ 기술사업화를 위해 6개월~1년 미만의 준비기간이 필요함 ④ 기술사업화를 위해 6개월 미만의 준비기간이 필요함 ⑤ 즉시 사업화가 가능함	
사업화 소요자금	현금흐름 추정기간 동안의 자본적지출 합계를 통해 대상기술의 사업화를 위해 필요한 소요자본 규모를 추정하고 아래의 기준에 의해 평가함. 예상되는 자본투자 규모가 상당히 클 경우 사업화 추진에 애로사항이 될 수 있음 ① 기술사업화에 소요될 것으로 예상되는 자본투자 규모가 매우 큼 ② 기술사업화에 소요될 것으로 예상되는 자본투자 규모가 큼 ③ 기술사업화에 소요될 것으로 예상되는 자본투자 규모가 보통 수준임 ④ 기술사업화에 소요될 것으로 예상되는 자본투자 규모가 적음 ⑤ 추가적인 자본투자 없이 사업화가 가능함	
생산 용이성	제품을 생산하는 데 필요한 생산활동과 관련된 아래 사항 등을 고려하여 생산용이성을 평가함 * 전체 외주생산의 경우에는 최대 3점까지 부여할 수 있음 <검토항목> - 생산인력 확보에 어려움이 없다. - 재료 및 부품가격이 안정적이다. - 물량확보가 용이하고, 수급이 안정적이다. - 다수의 공급자가 존재한다. - 신속한 조달이 가능하다. - 물류비용이 저렴하다. ① 1개 이하 항목 충족 ② 2개 항목 충족 ③ 3개 항목 충족 ④ 4개 항목 충족 ⑤ 5개 이상 항목 충족	

평가항목	평가지표	점수
경제적 수명	기술의 경제적 수명을 산출한 결과를 다음과 같은 기준에 의해 평가함 ① 기술의 경제적 수명이 4년 미만임 ② 기술의 경제적 수명이 4년~6년 미만임 ③ 기술의 경제적 수명이 6~8년 미만임 ④ 기술의 경제적 수명이 8~10년 미만임 ⑤ 기술의 경제적 수명이 10년 이상임	
매출 성장추세	대상기술 제품의 현금흐름 추정기간 동안의 연평균 매출액 성장률과 동업종의 최근 3년간 연평균 매출액 성장률을 비교하여 평가함 비교대상 동업종 자료는 한국은행의 '기업경영분석' 및 기타 신뢰할 수 있는 기업재무정보 제공기관에서의 세세분류 업종 자료 사용을 권고함 ① 현금흐름 추정기간 동안의 예상 매출액 성장율이 동업종 평균보다 매우 낮을 것으로 예상됨 ② 현금흐름 추정기간 동안의 예상 매출액 성장율이 동업종 평균보다 낮을 것으로 예상됨 ③ 현금흐름 추정기간 동안의 예상 매출액 성장율이 동업종 평균과 유사할 것으로 예상됨 ④ 현금흐름 추정기간 동안의 예상 매출액 성장율이 동업종 평균보다 2배 이상 높을 것으로 예상됨 ⑤ 현금흐름 추정기간 동안의 예상 매출액 성장율이 동업종 평균보다 3배 이상 높을 것으로 예상됨	
수익성	대상기술 제품의 현금흐름 추정기간 동안의 영업이익율 평균과 동업종의 최근 3년간 평균 영업이익율을 비교하여 평가함. 동업종 자료는 한국은행의 '기업경영분석' 및 기타 신뢰할 수 있는 기업재무정보 제공기관에서의 세세분류 업종 자료 사용을 권고함 ① 영업이익률이 매우 낮을 것으로 예상됨 ② 영업이익률이 동업종 평균 이하일 것으로 예상됨 ③ 영업이익률이 동업종 평균과 유사할 것으로 예상됨 ④ 영업이익률이 동업종 평균보다 10% 이상 높을 것으로 예상됨 ⑤ 영업이익률이 동업종 평균보다 20% 이상 높을 것으로 예상됨	

출처 : 산업통상자원부(2021.02), '2020 기술평가실무가이드'

부록 2

기술사업화 위험 프리미엄

기술사업화 위험프리미엄

평점	위험P	평점	위험P	평점	위험P
20미만	N/R				
20	10.01%				
21	9.33%	31	4.75%	41	1.99%
22	8.72%	32	4.42%	42	1.76%
23	8.15%	33	4.10%	43	1.55%
24	7.62%	34	3.80%	44	1.33%
25	7.14%	35	3.51%	45	1.13%
26	6.68%	36	3.24%	46	0.93%
27	6.25%	37	2.97%	47	0.73%
28	5.84%	38	2.71%	48	0.54%
29	5.46%	39	2.46%	49	0.36%
30	5.10%	40	2.22%	50	0.18%

* 출처 : 산업통상자원부(2021.02), '2020 기술평가 실무가이드'

부록 3

산업별 할인율 산출표

산업		자기자본비용(사업화위험P 반영 전)					자기자본비율(비상장)	세전 타인자본비용[주)]				
		상장기업 CAPM	비상장(규모프리미엄 포함)					상장	비상장			
			대	중	소	창업			대	중	소	창업
A	01	7.12	7.63	8.80	10.39	11.75	57.27	5.11	6.04	7.11	8.35	9.78
A	02	7.12	7.63	8.80	10.39	11.75	73.45	5.11	6.04	7.11	8.35	9.78
A	03	7.12	7.63	8.80	10.39	11.75	63.82	5.11	6.04	7.11	8.35	9.78
B	05	7.12	7.63	8.80	10.39	11.75	64.05	5.11	6.04	7.11	8.35	9.78
B	06	7.12	7.63	8.80	10.39	11.75	64.05	5.11	6.04	7.11	8.35	9.78
B	07	7.12	7.63	8.80	10.39	11.75	64.52	5.11	6.04	7.11	8.35	9.78
B	08	7.12	7.63	8.80	10.39	11.75	64.05	5.11	6.04	7.11	8.35	9.78
C	10	6.68	7.06	7.94	9.14	10.16	63.89	3.98	4.91	5.98	7.22	8.65
C	11	5.89	6.26	7.13	8.32	9.33	71.23	5.38	6.31	7.38	8.61	10.05
C	12	7.19	7.67	8.80	10.34	11.65	64.05	4.70	5.63	6.70	7.93	9.37
C	13	6.20	6.53	7.32	8.40	9.31	56.70	3.89	4.81	5.89	7.12	8.56
C	14	8.19	8.85	10.39	12.50	14.29	68.61	5.47	6.39	7.46	8.70	10.13
C	15	7.19	7.67	8.80	10.34	11.65	71.71	4.70	5.63	6.70	7.93	9.37
C	16	7.19	7.67	8.80	10.34	11.65	52.48	4.70	5.63	6.70	7.93	9.37
C	17	6.99	7.49	8.65	10.23	11.57	60.41	3.77	4.69	5.76	7.00	8.43
C	18	7.19	7.67	8.80	10.34	11.65	51.84	4.70	5.63	6.70	7.93	9.37
C	19	7.19	7.67	8.80	10.34	11.65	66.67	4.70	5.63	6.70	7.93	9.37
C	20	7.29	7.86	9.18	10.99	12.52	76.78	4.23	5.15	6.22	7.46	8.89

C	21	8.66	9.14	10.26	11.77	13.06	81.39	5.30	6.23	7.30	8.53	9.97
C	22	6.33	6.74	7.68	8.96	10.05	61.94	4.47	5.39	6.47	7.70	9.14
C	23	7.54	8.11	9.43	11.23	12.76	69.25	4.85	5.78	6.85	8.09	9.52
C	24	7.21	7.71	8.88	10.47	11.82	74.72	4.22	5.15	6.22	7.46	8.89
C	25	6.85	7.35	8.52	10.11	11.46	53.98	4.12	5.05	6.12	7.36	8.79
C	26	6.62	7.07	8.10	9.52	10.72	89.11	4.78	5.71	6.78	8.01	9.45
C	27	7.07	7.54	8.62	10.10	11.35	70.74	5.29	6.21	7.28	8.52	9.95
C	28	6.97	7.48	8.65	10.24	11.60	63.43	4.76	5.68	6.75	7.99	9.42
C	29	6.83	7.35	8.56	10.21	11.62	61.75	5.06	5.99	7.06	8.30	9.73
C	30	7.37	7.85	8.94	10.44	11.71	79.45	4.54	5.46	6.54	7.77	9.21
C	31	7.61	8.15	9.38	11.07	12.51	63.86	4.67	5.59	6.66	7.90	9.33
C	32	7.13	7.73	9.14	11.05	12.68	63.76	4.70	5.63	6.70	7.93	9.37
C	33	9.08	9.50	10.46	11.77	12.89	62.18	5.84	6.76	7.83	9.07	10.50
C	34	7.19	7.67	8.80	10.34	11.65	77.68	4.70	5.63	6.70	7.93	9.37
D	35	5.42	5.76	6.55	7.63	8.54	50.84	3.95	4.88	5.95	7.18	8.62
E	36	6.97	7.48	8.66	10.28	11.65	64.05	5.46	6.38	7.45	8.69	10.12
E	37	6.97	7.48	8.66	10.28	11.65	43.14	5.46	6.38	7.45	8.69	10.12
E	38	6.97	7.48	8.66	10.28	11.65	61.25	5.46	6.38	7.45	8.69	10.12
E	39	6.97	7.48	8.66	10.28	11.65	33.06	5.46	6.38	7.45	8.69	10.12
F	41	8.17	8.78	10.19	12.12	13.75	66.70	6.06	6.99	8.06	9.30	10.73
F	42	7.85	8.45	9.84	11.73	13.34	80.63	5.75	6.68	7.75	8.99	10.42
G	45	6.97	7.48	8.66	10.28	11.65	59.10	5.46	6.38	7.45	8.69	10.12
G	46	7.47	7.98	9.17	10.80	12.18	65.13	5.74	6.66	7.73	8.97	10.40
G	47	6.80	7.30	8.48	10.08	11.44	67.31	5.43	6.36	7.43	8.66	10.10
H	49	6.81	7.35	8.62	10.35	11.81	52.56	4.30	5.22	6.29	7.53	8.96

H	50	6.97	7.48	8.66	10.28	11.65	50.44	5.46	6.38	7.45	8.69	10.12
H	51	6.97	7.48	8.66	10.28	11.65	64.05	5.46	6.38	7.45	8.69	10.12
H	52	6.97	7.48	8.66	10.28	11.65	53.26	5.46	6.38	7.45	8.69	10.12
I	55	6.97	7.48	8.66	10.28	11.65	52.97	5.46	6.38	7.45	8.69	10.12
I	56	6.97	7.48	8.66	10.28	11.65	67.63	5.46	6.38	7.45	8.69	10.12
J	58	7.08	7.52	8.55	9.96	11.15	85.63	5.90	6.82	7.89	9.13	10.56
J	59	7.43	7.78	8.59	9.69	10.63	67.10	6.95	7.88	8.95	10.19	11.62
J	60	6.28	6.72	7.74	9.14	10.32	81.13	6.00	6.93	8.00	9.24	10.67
J	61	5.96	6.57	7.99	9.93	11.57	67.36	5.83	6.76	7.83	9.07	10.50
J	62	6.84	7.42	8.76	10.60	12.16	85.55	6.04	6.97	8.04	9.28	10.71
J	63	6.67	7.10	8.11	9.49	10.66	89.01	5.84	6.77	7.84	9.08	10.51
K	64	7.19	7.66	8.73	10.20	11.45	78.83	4.70	5.62	6.70	7.93	9.37
K	65	6.44	6.75	7.47	8.45	9.29	64.05	5.46	6.38	7.45	8.69	10.12
K	66	8.61	9.30	10.89	13.05	14.89	81.49	3.24	4.17	5.24	6.47	7.91
L	68	6.97	7.48	8.66	10.28	11.65	47.42	5.46	6.38	7.45	8.69	10.12
M	70	9.00	9.60	11.01	12.92	14.55	86.71	7.87	8.80	9.87	11.11	12.54
M	71	7.24	7.72	8.84	10.36	11.66	76.96	5.15	6.07	7.14	8.38	9.81
M	72	8.23	8.92	10.51	12.68	14.52	77.49	5.06	5.99	7.06	8.29	9.73
M	73	7.21	7.92	9.56	11.80	13.70	69.75	5.46	6.38	7.45	8.69	10.12
N	74	6.97	7.48	8.66	10.28	11.65	44.90	5.46	6.38	7.45	8.69	10.12
N	75	5.44	5.97	7.20	8.89	10.31	60.93	5.48	6.41	7.48	8.72	10.15
N	76	6.97	7.48	8.66	10.28	11.65	30.42	5.46	6.38	7.45	8.69	10.12
O	84	6.97	7.48	8.66	10.28	11.65	49.00	5.46	6.38	7.45	8.69	10.12
P	85	6.34	6.79	7.85	9.29	10.51	85.57	5.26	6.18	7.25	8.49	9.92

Q	86	6.97	7.48	8.66	10.28	11.65	51.03	5.46	6.38	7.45	8.69	10.12
Q	87	6.97	7.48	8.66	10.28	11.65	62.19	5.46	6.38	7.45	8.69	10.12
R	90	6.97	7.48	8.66	10.28	11.65	49.24	5.46	6.38	7.45	8.69	10.12
R	91	6.97	7.48	8.66	10.28	11.65	67.56	5.46	6.38	7.45	8.69	10.12
S	94	6.97	7.48	8.66	10.28	11.65	37.59	5.46	6.38	7.45	8.69	10.12
S	95	6.97	7.48	8.66	10.28	11.65	40.41	5.46	6.38	7.45	8.69	10.12
S	96	6.97	7.48	8.66	10.28	11.65	41.15	5.46	6.38	7.45	8.69	10.12

출처 : 산업통상자원부(2021.02), '2020 기술평가 실무가이드'

부록 4

업종별 산업기술요소

산업기술요소(제조업)

표준산업분류 코드		최대무형자산 가치비율	기술자산 비율	산업기술 요소
C10	식료품 제조업	65.46%	86.35%	56.52%
C11	음료 제조업	51.80%	87.70%	45.43%
C12	담배 제조업			45.68%
C13	섬유제품 제조업 : 의복제외			45.68%
C14	의복, 의복액세서리 및 모피제품 제조업	51.06%	74.36%	37.97%
C15	가죽, 가방 및 신발 제조업			45.68%
C16	목재 및 나무제품 제조업 : 가구 제외			45.68%
C17	펄프, 종이 및 종이제품 제조업	60.28%	93.65%	56.45%
C18	인쇄 및 기록매체 복제업			45.68%
C19	코크스, 연탄 및 석유정제품 제조업			45.68%
C20	화학물질 및 화학제품 제조업 : 의약품 제외	63.58%	92.78%	58.99%
C21	의료용 물질 및 의약품 제조업	88.01%	96.89%	85.28%
C22	고무제품 및 플라스틱제품 제조업	57.98%	98.18%	56.92%
C23	비금속 광물제품 제조업	64.71%	87.82%	56.83%
C24	1차 금속 제조업	80.52%	97.65%	78.63%
C25	금속가공제품 제조업 : 기계 및 가구 제외	58.50%	95.11%	55.64%
C26	전자부품, 컴퓨터, 영상, 음향 및 통신장비 제조업	68.05%	97.78%	66.54%
C27	의료, 정밀, 광학기기 및 시계 제조업	76.14%	93.35%	71.08%
C28	전기장비 제조업	65.58%	97.28%	63.80%
C29	기타 기계 및 장비 제조업	74.35%	96.41%	71.68%
C30	자동차 및 트레일러 제조업	55.51%	97.98%	54.39%
C31	기타 운송장비 제조업	85.19%	100.00%	85.19%
C32	가구 제조업			45.68%
C33	기타 제품 제조업			45.68%

주 : 업종별 분석대상기업이 10개 이상인 경우를 대상으로 업종 평균을 산출하여 해당 업종의 산업기술요소 값으로 설정하였고, 데이터가 부족하여 산출이 어려운 업종의 경우 제조업, 비제조업, 건설업으로 구분하여 평균값$-\sigma$로 최저 산업기술요소 값을 적용하였음

산업기술요소(비제조업)

표준산업분류 코드		최대무형자산 가치비율	기술자산 비율	산업기술 요소
A	농업, 임업 및 어업(01~03)			34.57%
B	광업(05~08)			34.57%
D	산업용 기계 및 장비 수리업(34)			45.68%
	전기, 가스, 증기 및 공기조절 공급업(35)			45.68%
E	수도사업(36)			34.57%
	하수,폐수,분뇨처리업 및 환경정화복원업(37, 39)			34.57%
	폐기물수집 운반 처리 및 원료재생업(38)			34.57%
F41	종합 건설업	44.48%	84.57%	37.62%
F42	전문직별 공사업	66.43%	94.96%	63.08%
G45	자동차 및 부품 판매업			34.57%
G46	도매 및 상품중개업	75.61%	96.56%	73.00%
G47	소매업 : 자동차 제외	70.40%	96.21%	67.73%
H49	육상 운송 및 파이프라인 운송업			34.57%
50	수상 운송업			34.57%
51	항공 운송업	63.83%	100.00%	63.83%
52	창고 및 운송관련 서비스업			25.66%
55	숙박업			34.57%
56	음식점 및 주점업			34.57%
J58	출판업	71.65%	94.74%	67.88%
J59	영상 · 오디오 기록물 제작 및 배급업	66.57%	92.45%	61.54%
J60	방송업	22.67%	53.39%	12.10%
J61	우편 및 통신업	77.19%	83.27%	64.28%
J62	컴퓨터 프로그래밍, 시스템 통합 및 관리업	72.13%	95.56%	68.93%
J63	정보서비스업	81.23%	83.31%	67.68%
J64	금융업	35.56%	97.01%	34.50%
J65	보험 및 연금업			34.57%
J66	금융 및 보험 관련 서비스업	45.02%	79.42%	35.75%
J68	부동산업			34.57%

M70	연구개발업	93.90%	99.84%	93.75%
M71	전문서비스업	57.87%	93.02%	53.83%
M72	건축기술, 엔지니어링 및 기타 과학기술 서비스업	78.11%	96.83%	75.63%
M73	기타 전문, 과학 및 기술 서비스업			34.57%
N74	사업시설 관리 및 조경 서비스업			34.57%
N75	사업지원 서비스업	66.09%	90.95%	60.10%
N76	임대업 : 부동산 제외			34.57%
O84				34.57%
P85	교육 서비스업	69.46%	92.83%	64.48%
Q86	보건업			34.57%
Q87	사회복지 서비스업			34.57%
R90	창작, 예술 및 여가관련 서비스업			34.57%
R91	스포츠 및 오락관련 서비스업			34.57%
S94	협회 및 단체			34.57%
S95	개인 및 소비용품 수리업			34.57%
S96	기타 개인 서비스업			34.57%

주 : 업종별 분석대상기업이 10개 이상인 경우를 대상으로 업종 평균을 산출하여 해당 업종의 산업기술요소 값으로 설정하였고, 데이터가 부족하여 산출이 어려운 업종의 경우 제조업, 비제조업, 건설업으로 구분하여 평균값$-\sigma$로 최저 산업기술요소 값을 적용하였음.

출처 : (원천)기술보증기금, 기술평가부 : 산업통상자원부(2021.02), '2020 기술평가실무가이드' 재인용

부록 5

참고문헌

1. 김범석(2019.7.3.), '회계공부는 난생 처음입니다만', 메이트북스
2. 김순기 · 황국재 · 임태종(2015), '원가관리회계', 홍문사
3. 김영준 등(2021), '기술경영학개론', 탐진
4. 김철중(2013), '재무제표를 활용한 기업분석', 명경사
5. 김철중(2018), '기업가치 중심의 경영분석', 명경사
6. 백복현 · 장귀화 · 최종학(2022), '재무제표분석과 기업가치평가' 4판, 박영사
7. 서병덕 · 홍동현(2015), '경영분석', 대진
8. 이의경(2020), '기술가치평가 : 이론과실무', 명경사
9. 임태종(2015), '원가관리회계', 샘앤북스
10. 건치(2005.06.02.), '오스템 임플란트 연혁'
11. 건치(2022.07.25.), '세상에 없는 제품을 만들다'
12. 경향비즈(2021.02.04.), '이제 '특허'를 담보로 돈 빌려 사업하는 시대...'IP금융' 2조 원 돌파'
13. 뉴스티앤티(2018.07.24.), '[구재천의 창업과 법] 기업의 자금조달 수단 개요'
14. 더스쿠프(2021.11.19.), '2016~2020년 기술창업 분석해보니… "더 쏠렸고 더 줄었다"'
15. 더스쿠프(2022.10.11.), '그 어렵다는 창업전선에 선 작은 거인들'
16. 덴탈아리랑(2022.07.21.), '[특집기획] (주)네오바이오텍 허영구 대표를 만나다'
17. 덴탈아리랑(2022.08.08.), '스트라우만, 세계 임플란트 시장점유율 '9년 연속' 1위'
18. 말산업저널(2020.07.04.), '[하승범의 창업칼럼] 정부지원자금 종류를 제대로 이해하고 효과적으로 활용하기'

19. 전자신문(2022.02.22.), '지식재산 금융 6조원 돌파'
20. 전자신문(2003.05.13.), '[열린마당] 특서출원 보정때 주의사항'
21. 주간경향(2021.04.19.), '[전규열의 세계는 창업 중](2)'중동의 실리콘밸리' 이스라엘의 원동력은?'
22. 중앙SUNDAY(2013.11.09.), '죽음의 계곡과 다윈의 바다 넘을 토대 만들어야'
23. 치의신보(2022.02.09.), '오스템 4년 연속 임플란트 판매량 세계 1위'
24. 특허뉴스(2021.11.01.), '[이슈] 국내 특허출원 분석결과 "양(量)과 질(質) 모두 향상"'
25. 특허뉴스(2021.01.10.), '[특허동향] 디지털 기술 품은 임플란트..특허출원 지난 10년간 연평균 12% 증가'
26. MedicalTiems(2022.05.30.), '국내 의료기기 산업 발전과 병원의 역할'
27. STARTUP TODAY(2020.06.18.), '[강성진의 창업가이드] '데스밸리'에 빠진 스타트업 VS 빠져나온 스타트업'
28. 국회입법조사처(2019.12), '기술평가제도 현황 및 활성화를 위한 과제'
29. 금융위원회 · 금융감독원(2018.09.19.), '제약 · 바이오 기업의 연구개발비 회계처리 관련감독지침', 보도자료
30. 김상훈 외(2014), '미래산업 창출을 위한 지식재산 생태계 활성화 방안', 연구보고서 2014-706, 산업연구원
31. 김상훈 · 김계환(2020.12.10.), '혁신성장을 위한 기술금융의 역할 – 선진사례와 시사점', 산업연구원 정책자료 2020-16.
32. 기술보증기금(2022.07.12.), '기술보증기금 연차보고서'
33. 보건산업연구원(2013.07.31.), '의료기기 품목시장 리포트-치과용 임플란트'
34. 보건산업진흥원(2017.12.26.), '치과용임플란트', 보건사업브리프 의료기기품목시장 통계 Vol 56
35. 산업통상자원부(2021.02), '2020 기술평가 실무가이드'
36. 삼성증권(2021.03.09.), '덴탈케어 치과의 미래에서 찾는 기회'
37. 식품의약품안전처 의료기기정보포털(2019.09.26.), '치과용 임플란트(Dental Implants) 안전성 정보지'
38. 식품의약품안전처(2021.08), '의료기기 GMP 종합해설서(민원인 안내서)'

39. 연구개발특구진흥재단(2021.03), '치과용 임플란트 시장'
40. 이철흠(2018), '기술신용평가모형의 현황 및 발전 방향', CIS 이슈리포트 2018-10호
41. 자본시장연구원(2021.02.22.), '지색재산(IP)증가 추세에 따른 국내 IP금융현황 및 과제', 자본시장포커스 2021-04호.
42. 통계청, 특허청「지식재산통계연보」
43. 특허청(2021.12), '2021 통계로 보는 특허동향'
44. 표춘미(2020), '블록체인 기반 토큰(IEO)의 자산화 사례연구', 경영교육연구
45. 한국산업기술진흥원(2022.08.06.), '2022년 기술평가기관 역량강화 일반과정'
46. 한국은행(2022.12), '2021년 기업경영분석'
47. 한국의료기기안전정보원(2021.11), '2021 의료기기 산업동향 보고서'
48. Fortune Business Insights(2022.09.27.), 'Dental Implants Market Report, 2022-2029'
49. GrandViewResearch(2022), 'Dental Implants Market Size Forecasts 2023-2030'
50. KOTRA(2021.09.03.), '2021년 이스라엘 산업개관'
51. MarketsandMarkets(2022.09), 'Dental Implants & Prosthetics Market'
52. 보건의료빅데이터개방시스템, 진료행위(검사/수술등) 통계, http://opendata.hira.or.kr/op/opc/olapDiagBhvInfo.do
53. 전자공시시스템, '2021 오스템임플란트 사업보고서', https://dart.fss.or.kr/
54. 중소기업기본법 시행령 사이트, https://www.law.go.kr/
55. 한국은행 ECOS시스템, https://ecos.bok.or.kr/#/
56. 한국은행, 「금융시장 동향」 - 기업자금조달현황
57. 한국중견기업연합회, https://www.fomek.or.kr/main/definition/definition01_2.php
58. 통계청, 업종별 창업기업수
59. WIPO홈페이지, https://www.wipo.int/about-ip/en/

MEMO

check list

MEMO

check list

MEMO

check list

MEMO

check list

표춘미

한국외국어대학교 경제학과 졸업(학사)
한국외국어대학교 경영정보대학원 경영정보학과(MIS) 졸업(석사)
서강대학교 대학원 경영학과 졸업(박사)
삼일 PWC 컨설팅 근무(2005~2016년)
백석대학교 회계학과 겸임교수(2017~2022년)
한국관리회계학회 2018년 우수논문상 수상
기술보증기금, 한국농업기술진흥원 등 기술평가 전문위원(2017~현재)
현, 산업통상자원부 지정 기술평가기관 티밸류 이사/기술거래사

주요논문 블록체인 기반 가상통화(IEO)의 거래소상장 연구, 관리회계학회, 2021.12
블록체인 기반 가상통화의 가치평가 연구, 관리회계학회, 2021.08
블록체인 기반 가상통화(토큰)의 관리방안 사례연구, 국제회계학회, 2021.02
블록체인 기반 가상통화의 재무보고서 사례연구, 회계저널, 2020.12
블록체인 기반의 토큰(IEO)의 자산화 사례연구, 경영교육연구, 2020.04
기업가정신, SPMS, 창의성, 경영컨설팅연구, 2020.02
과거성과, MCS이용 그리고 창의성, 경영교육연구, 2019.12
권력거리와 관리통제시스템 이용이 단기지향성에 미치는 영향, 관리회계연구, 2018.12
트위터 데이터 분석을 통한 고객관점 선행지표에 관한 연구, 서비스경영학회, 2018.11
권력거리와 관리통제시스템 이용이 창의성에 미치는 영향, 경영교육연구, 2018.08
권력거리, 성과측정시스템의 이용, 그리고 조직역량 간의 관계, 관리회계연구, 2018.08
CEO지배성과 경영성과 간의 내/외부지배구조에 대한 탐색적 연구, 국제회계연구, 2018.08
내용분석을 이용한 CEO역량, 조직역량 그리고 조직성과에 관한 탐색적 연구, 국제회계연구, 2018.08
공기업 경영실적평가에서 재무지표의 이용 정도가 재정건전성에 미치는 영향, 회계연구, 2018.08
SNS 소셜데이터 분석을 통한 지역관광브랜드자산 개발에 관한 연구, 외식산업학회, 2017.03
ICT융합 스타트업기업의 비즈니스 모델수립 사례연구, 경영컨설팅연구, 2016.08
관리통제시스템의 이용, 조직역량, 그리고 관리적 단기지향성간의 관계, 국제회계연구, 2016.02
기업가정신과 조직성과 간에 MCS이용의 역할, 국제회계연구, 2015.06
국제시장지향성과 MCS이용이 조직역량에 미치는 영향, 국제회계연구, 2013.12
리더십스타일과 조직역량 간의 관계에서 성과측정시스템의 역할, 관리회계연구, 2013.06
S대병원의 ABC 개발사례, 회계연구, 2010.12

최정운

한국외국어대학교 경제학과 졸업(학사)
한국외국어대학교 대학원 경제학과 졸업(석사)
경희대학교 대학원 경제학과 졸업(박사)
기술보증기금, 한국담배인삼공사, 하나대투증권 근무
인천대학교 무역학과 강사(2013~2015년)
한국외국어대학교 경제학과 강사(2015~2017년)
한국산업기술진흥원, 중소벤처진흥공단, 한국농업기술진흥원, 연구개발특구재단, 한국발명진흥회,
국토교통과학기술진흥원, 한국보건산업진흥원, 한국특허전략원, 기업기술가치평가협회 등에서 기술가치평가 강의
2020년 산업통상자원부 장관상 수상(기술평가 및 기술금융)
기술보증기금, 나이스디앤비, 이크레더블, 한국농업기술진흥원 등 기술평가 전문위원(2011~현재)
현, 산업통상자원부 지정 기술평가기관 티밸류 대표이사

주요저서 최정운 등(2018), '중소기업 자금조달 컨설팅을 위한 기술금융과 기술평가 실무', 마인드탭

스타트업을 위한 기술금융과 기술가치평가

발 행 일 | 2023. 3. 23. 초판 발행

저　　자 | 표춘미 · 최정운
발 행 인 | 이 낙 규
발 행 처 | 주식회사 샘앤북스
등록번호 | 신고 제 2013-000086 호
주　　소 | 서울특별시 영등포구 양평로22길 21, 선유도코오롱디지털타워 310호
전　　화 | 02-323-6763　　**팩　　스** | 02-323-6764
이 메 일 | wisdom6763@hanmail.net

총괄 이정희 | **편집** 임선영 · 홍수기 · 김용재 | **디자인** 임지은 · 조철우 | **도서관리** 김보영

정가 30,000원

ISBN 979-11-5626-499-6 93320

샘앤북스

▮ 제작과정에서 잘못 만들어진 도서는 교환하여 드립니다.